複業コンパス

［100社経験から語る複業実践ノウハウ］

Color WiTh株式会社 共同代表
複業マイスター

若色広大　高橋範慈
Wakairo Kodai　Takahashi Norichika

CROSSMEDIA PUBLISHING

はじめに

はじめまして。Color WiTh（カラウィズ）株式会社の若色広大《わかいろこうだい》・高橋範慈《たかはしのりちか》と申します。

本書は、複業についての様々な疑問を解消し、さらに、実際に複業を経験していく上で必要となるスキルやマインドを具体的に紹介する本です。

『複業コンパス』というタイトルには、私たちが確かな指針となって、迫りくる本業や環境要因などの様々な荒波（支障）に呑まれそうになりながらも、強い意志を持って複業の航路を突き進むあなたの手助けをしたい、そんな想いが込められています。

これまで全く語られることがなかった複業の実像を明らかにし、複業開始の準備から案件獲得、そしてその継続に至るまで、一歩一歩階段を上がっていけるようにご説明します。

現在、すでに多くの人が複業を経験し、自由な働き方のバリエーションを手に入れている一方で、その実態を知らない人にとって複業はいまだに遠い存在です。

同音の「副業」と同じように片手間にやれるパートワークのように考えていたけれど、インターネットで詳しく調べて、ようやく本当の意味を知ったという人もいました。

複業をやりたい気持ちはあるけれど、その実態を把握していないため、初めの一歩を踏み出す勇気が持てない、そんな人は意外に多く存在するのです。


そして、**複業は、企業案件の獲得や継続に求められるスキルについて、系統立てて語られている機会がほとんどない、**という事実があります。

実際に私たちは、複業を始めたばかりの方、そして、その道に習熟した立場の方からも、次のような相談を受けることがあります。


「どのようにアピールをすれば、企業との面談を通過し、契約できますか？」

「どのようにアクションをすれば、複業の単価を上げられますか？」

「どんなコミュニケーションを取れば企業との関係を継続できるのですか？」

こんなふうに、初心者ばかりでなく、複業を通じて企業とつながり、スペシャリストとして顧問に迎えられているような方でさえも、試行錯誤を繰り返しながら複業の仕事を続けているのです。

このように複業の実態が理解されにくい背景には、日本が抱える特有の問題があるでしょう。欧米であれば、一人のビジネスパーソンが複数の業務を並行して行うことは当たり前で、企業も労働者もそのことを特別視していません。

一方で、日本においては企業もそこで働く人々も、複業に対して当たり前という感覚がありません。

多くのビジネスパーソンが複業を体験していませんし、また周囲を見渡しても情報は極めて少なく、企業とのやり取りや要望への応え方など、自分なりに手探りで見つけなければスキルが習得できない、そんな事情があるのです。

私たちは、こうした日本の複業の問題を解決し、働く人の一人ひとりに自由な人生を送るためのスキルを手に入れてほしいと思い、本書を書きました。

ここで、私たちの自己紹介をさせてください。

私たちは、全国100社を超える企業に複業として参画し、多種多様な経験を基に複業の道を極めた「複業マイスター」[＊1]として、複業を中長期的に継続させるための再現性あるスキルを探求し、確立してきました。

2023年9月からは、日本最大級のマッチングプラットフォーム・複業クラウドを運営する株式会社Another worksと共同で「複業職人」[＊2]というプログラムをリリースし、その複業のスキルを1on1で提供するサービスを行っています。

このサービスは〝複業のライザップ〟とでも呼ぶべき内容で、私たちが経験してきた複業実践での必要なノウハウを共有しつつ、フルオーダーメイド型で二人三脚にて併走サポートしていきます。

若色・高橋は、この「複業職人」のプログラムの開発者兼代表講師であり、運営企業であるColor WiTh株式会社の共同代表を務めています。

また元々弊社では、「複業職人」を立ち上げる以前から、業務委託の形で若色・高橋自身が外部プロジェクトマネジャー、外部CｘO（Chief x Officer：業務の責任者）の立場になり、顧客企業と共に新規事業を生み出したり、マーケティングに取り組んだりする法人様向けの事業を行っています。

弊社のこの事業こそ、まさに若色・高橋自身が積み上げてきた複業経験そのものを事業化したものです。複業を全国100社経験し突き詰めた結果、自分たち自身の複業活動自体を法人化するまで昇華させてきた、ということなのです。

なお、弊社で対応する領域は経営者様のご要望に基づいた事業課題全般と非常に幅広いため、若色・高橋の二名だけでなく、その道に精通したプロフェッショナルと共にチームを組んで課題解決に当たることも多くあります。

「複業職人」というサービス名は、若色・高橋がこのプロフェッショナルの方々を尊敬の意味を込めて「職人」と呼んでいたことに起因しています。

私たちは複業のトレーナー、言い換えるなら複業という仕事の仕方の広報担当者として、そのスキルと素晴らしさを日本全国に広めたいと考えています。

そんな私たちが、あなたにぜひ知ってほしいことをお話しします。

複業とは、雇用される働き方ではありません。

企業で長い間、雇用される働き方をしていた人にとって、正直なところ複業の感覚はつかみづらいでしょう。

では、複業で成功できるのは、特別な感覚を備えた一握りの人だけなのでしょうか？

複業とは、スキルや実績が足りないと上手に回せない仕事なのでしょうか？

結論から言えば、それは違います。

私たちがこれまで、複業で成果を収めている人、そして悩んでいる人に多数お会いして得た知見から言えることは、複業で成功するために必要なものは、決して特殊なスキルではないということです。

複業において大事なのは、次のことです。


「複業先である企業の経営者・決裁者・責任者の要望を、周到なヒアリングを基に実現し、その期待を超えていくこと」

そのためには、企業の要望を的確に把握し、課題の解決策を明快に提案し、担当者と強固な信頼関係を構築するためのスキルが不可欠です。

そして、これは特殊なスキルではなく、どんな仕事にも必要とされる基本的なものです。しかしながら、それをきちんと獲得できている人は多くありません。

本書では特別な人が発揮できるスキルではなく、誰もが再現可能なスキルを分かりやすく紹介していきます。それによって複業の悩みは解決され、様々な企業と継続的に取り引きできるようになるはずです。

弊社は、日本に住む私たちがもっともっと柔軟に複業を楽しめる世界を作っていきたいと考えています。そしてまた、複業という働き方を通じて、豊かな人生を送る人がたくさん生まれることを願っています。

本書がそのきっかけになれば、これほど嬉しいことはありません。

一歩一歩、共に学んで、共に成長していきませんか？

Color WiTh（カラウィズ）株式会社
若色広大・高橋範慈

［＊1］**複業マイスター**……「マイスター」とはドイツ語で、専門的な技能や知識、豊富な経験を持った職人を指す言葉です。複業を通じて100社以上のプロジェクトに参画した若色、高橋は、新たに複業を志す人々を支援・育成する自らの役割を「複業マイスター」と表しました。

［＊2］**複業職人**……「複業職人」というプログラムのネーミングにとどまらず、弊社が理想とする複業プロフェッショナルの在り方が込められている言葉です。自ら手を動かして実務に携わり、その内容を言語化・見える化し、企業の取り組みを自らリードすることができる人々を「複業職人」と表し、共に連携して企業要望を実現することもあります。

［複業コンパス　目次］

第1章 誰もが知らない「複業のリアル」
――複業を成功させるための基礎知識

第2章 複業の準備をする
——自分の適性・価値を把握し、スキルを向上させる

第3章 複業をスタートする
――事前に「勝ち筋」を見つけて成功につなげる

第4章 複業案件を獲得する ――「ファーストインプレッション」と「提案力」で決まる

第5章 複業案件の継続のために
——継続できる人・できない人はここが違う

第6章 複業スタート成功事例
——「複業職人」たちは、どのようにしてスキルと経験を手に入れたのか

ブックデザイン／金澤浩二　DTP／伊延あづさ（アスラン編集スタジオ）　編集協力／渡辺稔大　校正／小倉レイコ

序章

Chapter 0

自由な人生・働き方を求めた私たちが、複業という新たなキャリアを切り開くまで

サラリーマンから複業を経て起業家に

「はじめに」では、自己紹介とメッセージをお伝えしました。

「複業マイスター」などと称したため、私たちのことを特殊な能力を持った存在と思われた方がいるかもしれませんが、それは全くの誤解です。

私たちは元々、大学を卒業して新卒入社したサラリーマンであり、インターネットを賑わせるような学生起業家でも、インフルエンサーでもありません。

所属していた企業で少しずつ仕事のスキルを獲得し、複業を活用して仕事の幅を広げてフリーランスになり、そこから起業して今に至っています。

私たちは、会社員として複業のスキル獲得を考えていたり、フリーランスとして収入を改善させようと考えたりしている人たちと同じ場所からスタートし、一歩ずつステップアップしてきたのです。

ここでは私たちがどのようにして複業のスキルを獲得し、どのような経験を基に複業でキャリアをステップアップしてきたかを紹介します。

複業を志すあなたに、今後の参考にしていただければと思います。

営業で自分の限界を試し続けた若色

若色は元々、業界ナンバー1の企業に所属し、有形営業[＊3]でトップを取りたいと思い、新卒でコカ・コーラボトラーズジャパン株式会社に入社しました。

自販機新規開拓部門に配属され、普通の人が1日20件飛び込みを行うところ、その5倍の100件飛び込むことで営業の感覚を養いました。そうして自分の限界に挑戦し、悪戦苦闘した結果として、入社1年で新人セールス賞を受賞し、3年でエリア課長に就任、300人中2位の営業成績を残しました。

こうして入社から3～4年が経ち、仕事も軌道に乗って、若色が仕事に満足していたかといえば、実はその反対でした。

何となくモヤモヤした感情を抱えていたのです。

有形商材をセールスして結果を出す手法はある程度身に付いて、スキルの向上が頭打ちになっている感覚がありました。

振り返ってみると、コカ・コーラは目に見えるプロダクトであり、誰もがその存在を知っています。そうした訴求力の強い商品で結果を出している自分に満足できていなかったのではないかと思います。


「営業の分野で、もっと自分を高めていく道はないだろうか……」


そんな課題意識を持って営業の仕事を調べてみると、有形商材で営業するスキルと、人材会社やコンサルティング会社が行っているような無形商材（形のない商品）で営業するスキルは全く別物であることが分かりました。

そして、無形商材のほうが、商材の提案や導入への説得などにおいて、より高度な営業手法を必要とするということも分かりました。

「営業を極めるなら、無形営業[＊4]にチャレンジするしかない！」

そこで狙いを定めたのが、人材会社である株式会社パソナ（現：株式会社パソナJOB HUB）への転職です。約5年間在籍しました。

パソナを選んだ理由は、経営者を相手に自分の力を試したかったからです。経営者が持つ視点やノウハウについて総合的に学ぶことができますし、それと同時に無形商材営業のスペシャリストにもなれると考えたわけです。

パソナに入社後の2年で、顧問や若手フリーランスを業務委託で紹介する仕事を担当して、経営者の課題をヒアリングして文字化する力を徹底的に身に付けました。

様々な経営者と議論する毎日を送ったことで、短期間で経営者の視点が身に付き、成果としては営業MVP、年間MVPなどを複数受賞することもできました。

そして3年目以降は、顧問事業のマネジメントと併行しながら、新規事業部署の立ち上げに関わって、そこで高橋と共に新規事業を創出することになります。

改めて振り返ってみると、当時の経験は、後に複業を開始する際に役立つ非常に大きなものだったと思います。

まずは、様々な業界・業種の経営者に接触する機会に恵まれたことです。複業では様々な領域の企業とお付き合いしますから、社会に存在する業界・業種について広範囲の知識を蓄えておくことは非常に重要です。

また、無形営業を担当していたことで、相手の要望を明らかにし、適切に提案するためのコミュニケーションスキルが高まりました。

そして、業務を通じてフリーランス、個人事業主として活躍する人たちの魅力的な働き方を間近に見たことも大きな経験でした。業務委託という仕事のスタイルへの興味が湧いてきたのです。

地域貢献に意欲を燃やし、周りと共に成長した高橋

一方、高橋は新卒で株式会社パソナ（旧：株式会社パソナキャリア）に入社し、14年間にわたってキャリアを重ねてきました。

入社1年目は人材紹介事業の法人営業の部署に配属され、2年目に再就職支援事業部に

異動。希望退職制度などの会社都合で退職になった方々の再就職先企業を開拓する仕事に携わり、社会貢献性の高い仕事に充実感を覚えるようになりました。

3年目には全国の求人開拓のヘルプをするチームに着任し、全国各地を回りつつ企業から求人を募る仕事に携わっていきました。

4年目以降は、商工会議所や地場企業と連携した合同企業説明会を企画して、数十社・数百名単位の集客をしたり、東日本大震災被災者向けに就職活動促進プログラムを作ったり、全国1000名近い自衛隊員の再就職を支援する事業の企画運営をしつつ全国の駐屯地で就職活動ノウハウのセミナー講師を務めるなど、数々の新規プロジェクト立ち上げに参画したことも良い経験となりました。

プロジェクトのミッション達成に向けて、目標を考えたり、業務フローを構築したりする業務に取り組む中で、「この仕事が好きだ。性に合っている」という感覚が芽生えていきました。

とはいえ、決して順風満帆なキャリアを歩んでいたわけではありません。

営業では思うような結果を出せず、悩んだ時期もあります。

同じ仕事量をこなしているのに、なぜ自分だけ、他のメンバーと同じような成果が出ないのか……。そんなふうに悩んだ時期もありました。

そして、その理由を自分なりに分析して、どうすれば成果につながるかを必死で模索しました。

当時気づいたのは、努力する順番を考えるということです。

例えば、営業商談での折衝力などはその克服に時間がかかりますが、営業商談にて使用するデータを事前に分析・考察したり、商談で提案したい内容を資料にまとめて見える化するスキルなどは、比較的早期に伸ばすことが可能です。

そこでまず、データの考察や資料作成のスキル、提案のストーリーを作る力を伸ばすことなど、自分が確実にできることから改善しました。

また、自分一人の力で成果を出そうとするのではなく、「いかに周りに納得・共感してもらいながら、周りを巻き込んで進めるか」にも力を注ぎました。

そのために相手にとって有用な情報を探し出して共有したり、守るべきルールを言語化して分かりやすく伝えたりすることを意識しました。

上長や先輩・同僚、お客様にたくさんのダメ出しを受けながら磨いてきたスキルですが、このときに身に付けた資料作りやアウトプットのスキルが、後の複業で大いに役立つことになるのです。

手探り状態で新規事業にチャレンジ

そんな私たちはパソナで出会い、ある仕事のアポイント同行がきっかけで意気投合しました。ちょうど社内初の新規事業公募が始まったタイミングでもあり、お互いに新規事業に興味を持っていることを知って共同で応募しました。

当時は二人で同行営業を行うことがあり、しばしば取引先の経営者から新規事業のお話を伺っていました。

そこで手に入れたヒントを基に、シェアリングエコノミー[＊5]の新事業を企画したところ、応募総数約１００件の中から私たちの提案が選ばれ、新規事業を手掛けることになったのです。

世の中には、金融機関から多額の借り入れを行い、乾坤一擲《けんこんいってき》の事業を手掛けられている方もいます。立ち上げの苦労という意味では、私たちよりもっと苦労した人はたくさんいるはずです。

ただ、**私たちは「社内に新規事業創出の前例やノウハウがない」という環境の中で、ローコストで事業を起こし、軌道に乗せることにこだわりました。**

例えば、シェアリングエコノミー市場の現状について自分たちでデータを洗い出し、様々な会社に問い合わせ、そこで得た情報を社内で発信したことがありました。

情報を理解しやすく、小まめに発信したこともあり、社長や役員が「そうなんだね」と私たちの提案を新鮮に受け止めてくれました。伝え方と発信の仕方を熟考し、「これは必要な事業である」と認識してもらえた、その経験は大きかったといえます。

そうして私たちの事業は採用され、スタート後にはたくさんのお客様から「もっとこういうサービスがあったらいいよね」とアドバイスいただき、年に一つずつ社長直轄で事業を立ち上げてきました。

会社員の仕事を通じて複業の力が育っていった

今振り返ると、こうした会社勤務時代の試行錯誤の中で、現在の私たちが持つ複業の力が育っていったのだと思います。

まず、一つ目として、**企業の外側にいてもプロジェクトの動きが想像できる力**が育ちました。

業務委託として仕事をする際は、外部スタッフとして企業の新規事業などに関わります。しかしながら、外部スタッフの視点と内部スタッフの視点では、事業に対しての捉え方に違いが生じます。

私たちには企業の内部で新規事業を立ち上げた経験があります。ですから、企業内で新規事業の承認までにどのくらいの時間がかかり、どのような決裁の手続きを踏む必要があるか、それらをリアルに想像を働かせることができるのです。

もし、パソナで新規事業の開発を担当していなかったら、企業の外部スタッフとしてこれほどまで新規事業開発に関わることは難しかったはずです。

そして、二つ目として、**ゴールが全く見えない状況から答えを出していく力**も身に付きました。

それまで私たちが主戦場としていた営業の世界では、絶対的な数値目標があり、それをいかにクリアするかを考えながら仕事をしていました。要するに、ゴールと答えの出し方が明快で分かりやすかったわけです。

ところが、新規事業では明確なゴールはなく、最終的には「社長に認めてもらえるかどうか」で事業としての正否が決まります。

ですから、社長が求めるものとは何かを想像し、どうすればそれを実現できるかを考えながら手探りで進めて行かざるを得ませんでした。

その対策として、少しでも自分たちの事業に共感してくれそうな決裁者を探したりもしました。「こんな手順で、こんなビジネス展開を考えています」といった発信を行いながら、例えば役員陣などを味方につけることによって、様々な形で社長にアプローチを試みたのです。

全てが手探りの状態の中で、次々に打ち手を変えてトライアンドエラーを繰り返す。この時期の私たちは、そんな経験を積み重ねていったのです。

日本では、会社がレールを敷いてくれるのを待っている、という文化が根強くありますが、待ちの姿勢でいるとチャンスはどんどん遠のいていきます。

私たちは前述の経験を通して、誰かからゴールを与えられるのを待つのではなく、自分たちでゴールを設定し、答えを出していくことを意識し始めました。

そのときは明確に気づいていたわけではありませんが、**自分が周囲をリードして物事を進めていくというこのプロセスは、複業での事業推進力につながっていたのです。**

こうして三つの新規事業を立ち上げて進めてきたことで、当時の私たちには「やりきった感」がありました。

さらなる成長を求めるのであれば、もはや会社の外に出るしかない。

上場企業で培った経験を、今度は非上場企業でぶつけてみたい。

そんな想いが募り、二人ともほぼ同時期にパソナから退職することを決断したのです。

退職後は、本格的に複業の道に足を踏み出していくことになりました。

複業から起業へ

ここで私たちと複業との出合いについてお話ししましょう。

私たちが複業に興味を持ったのは、パソナに在職中のことです。ただ、複業を始めた動機はそれぞれ少し異なっています。


若色が複業を始めたのは、自分の実力に確信を得るためです。

それまでコカ・コーラやパソナで順調に結果を出し続け、大きな失敗を経験したこともなかったので、自分のスキルに全く自信がなかったわけではありません。

ただ、「今の実力が他の会社でも通用するのか」「このまま会社組織に安住していてよいのか」という考えが徐々に芽生えるようになりました。

自分の実力に確信を得るため、会社の外で自分の力を試し、自分の市場価値を知りたい。

そんな想いから、業務委託での仕事を始めたというわけです。

高橋の場合、「あと、月に数万円の収入が欲しい」という明確な収入目的で複業を始めました。最初はパパ友を経由して、子育て講座の講師を務めたことがその始まりです。

元々は自分自身が講座の受講者だったのですが、講師の方と仲良くなって、「講師をしてみないか」というお話をいただきました。

会社での業務とは関係のないものですが、「週末に地域貢献ができる」「時間を有効活用しながら、ちょっとした副収入を得られる手段」といった意識で行っていました。

その後も複業を継続し、今度はフリーランスとして営業の実務を行い、中学校時代の同級生とのつながりから、社会保険労務士の業務サポートにも取り組み始めました。

私たちはパソナ退職後から複業経験を重ねるにつれて、「若色さんに事業を立ち上げてほしい」「高橋さんに事業企画に入ってほしい」とご指名いただく機会が増えてきました。

自分の力で企業に貢献する仕事をしてみたい。もっと、様々なチャレンジをしてみたい。

こんなふうに二人とも考えていることを知り、2022年11月、私たちはColor WiTh株式会社を創業しました。

若色が0→1（ゼロイチ）[＊6]のアイデア出し、戦略立案、ディレクション全般、高橋は企業の要望実現におけるストーリー作りや実行段階のマネジメントを強みにしています。

私たちは起業にこだわっていたわけではなく、様々な企業との複業経験を積み重ねていった結果、起業が最も顧客貢献をできる形として目の前に現れた答えだったというだけです。

そしてまた、特定の企業の社員であることへのこだわりもなかったのです。

二人ともリーマンショック前後に社会人になったため、「社員であるだけで安心できる」という感覚は当初からなく、人材会社の仕事を通じて雇用の厳しさを知っていたことが大きく影響しています。

そして、**私たち二人に「人生に自由を求める」という共通のスタンスがあったことも大切な要因です。**

大企業とは異なる環境で力を試したい、いろいろな会社に関わってみたい、自分たちで会社を起業してみたい、そして、仕事と子育てが両立できる環境で働きたい――。

全ては人生の自由と周囲への貢献を追求した末の結論でした。

そして今、私たちは「複業職人」という自社事業を起点に、起業に至るまでこれまで自分たちで磨き上げてきた複業に関するノウハウやスキルを、世の中に広めようとするフェーズに入っています。

前述しましたが、私たちは元々普通の会社員であり、そこからフリーランス→起業へとステップを上がっていく中で、複業に関する様々なスキルを蓄積しています。

そこで確実に言えるのは、**真っ当に仕事をしてきた社会人であれば、会社員でもフリーランスでも、そのスキルは間違いなく活用できる**ということです。

これから本書で、私たちのスキルをお伝えしていきたいと思います。

［＊3］**有形営業……**住宅、食品、衣類、家電など、目で見たり触ったりできる商品を扱う営業活動。

［＊4］**無形営業……**人材やコンサルティングサービス、広告、金融サービスなど、形のないものやサービスを扱う営業活動。

［＊5］**シェアリングエコノミー……**Sharing Economy、共有経済。空き部屋や不動産などの貸借をマッチングさせるAirbnbや、スマートフォンやGPSなどを活用して移動ニーズのある利用者とドライバーをマッチングさせるUberなど、個人が保有するモノ、場所、スキルの貸し出しをSNSなどのインターネットを介して実施するサービス。

［＊6］**0→1（ゼロイチ）……**まだ社会に存在しない製品、サービス、価値を何も存在しない段階（ゼロの段階）から創出すること。

第 1 章

Chapter 1

誰もが知らない「複業のリアル」
──複業を成功させるための基礎知識

「複業」と「副業」の違いとは何か

複業の仕事にメイン・サブの順序をつけない

本書の「はじめに」で述べたように、多くの人が複業の実態と適切なスキルを知らずに悩んでいます。

その代表的な理由として、多くの人が複業という言葉の意味がよく分かっていない、もしくは間違って解釈しているという現状があります。

よくある解釈として、「本業以外の仕事は全て副業」などと理解しているケースが挙げられますが、実はそうではありません。

こうした誤解があることで、複業をする個人と、それを受け入れる企業の解釈がすれ違い、お互いに「こんなはずじゃなかった」という齟齬が生じてしまいます。

複業で成功したい人は、まず、複業と副業の違い、そして複業について正しく理解することが大切です。

あなたは「複業」という言葉にどのようなイメージを持っているでしょうか。

複業と同音の「副業」という言葉もありますが、両者の意味や取り組み方にはどのような違いがあるのでしょうか。

複業は一般的に、複数の仕事を並行させる働き方を指します。並列、並行といった意味を持つ「パラレル（Parallel）」という言葉から、「パラレルワーク」「パラレルキャリア」と呼ばれることもあります。

会社員であれば勤務先の仕事だけでなく、業務委託［＊7］を受けて他の会社の仕事をすることが複業に相当するでしょう。フリーランスの場合は、複数の会社と業務委託契約を結び、並行させて仕事をすることが複業となります。

複業と副業の違い

	複業	副業
働き方	複数の仕事を 並行させる働き方	本業以外に 副収入を得るための働き方
形態	企業側はメイン・サブの 区別をしない	本業以外のサブの仕事と みなされる
目的	収入、スキル、キャリア、 社会貢献など	主に収入
収入	柔軟である （努力次第でアップできる）	固定されていることが多い
業務受注の スタンス	能動的	受動的

これに対して、副業は本業以外に副収入を得るための働き方全般を指します。

かつては、アルバイトやパート、内職に近い仕事イメージで捉えられていたこともありましたが、近年では、より自由な生き方、豊かなライフスタイルを実現するための本業以外の仕事といった意味合いが強くなりました。

・複業＝メイン・サブの順序をつけない、どちらも優先すべき大切な仕事
・副業＝本業以外のサブの仕事

一般的に、二つの違いはこのように解説されていることが多いようですが、複業に深く関わっている私たちから見た場合、その実情は異なっていると思います。

というのも、正社員として特定の会社に勤務しながら複業に取り組む人の多くは、勤務先の仕事をメインと考え、複業相手の企業をサブと捉えている傾向があるのです。

稼働時間・収入源の双方の観点から見て、勤務先の割合が大きい場合が大半ですから、複業人材が「会社の仕事＝メインの仕事」と考えがちな事情は分かります。

けれども企業側の解釈、つまり発注者の期待は異なります。

業務委託として仕事を発注する企業の側は、複業人材に本業と同様のパフォーマンスを求めます。

自分たちの企業を運営していく際に特定のスキルが不足していて、そのスキルを持った複業人材に声を掛けた。そんな背景を考えれば「私は会社員としてメインの仕事があるので、複業に投じられる労力は限られます」という理屈は通用しません。

これから複業を始める人は、ぜひ高い意識を持って取り組むようにしてください。

複業の目的とスタンス

複業の特色として、**「複業の目的は収入に限らない」**ということが挙げられます。

副業の目的が主に収入であるのに対して、複業ではスキルやキャリアのアップ、さらには社会貢献などを通じて得られる自己実現や他社貢献を目的に複業に取り組む人たちが多いのです。

また、収入に関して言うと、副業の単価は固定されています。例えばコンビニエンスストアでアルバイトをする場合、地域内ではどのチェーン店舗でも同等の時給が設定されています。それと同じようなイメージです。

それに比べて、複業の単価は柔軟であることが多くなります。複業＝高単価というわけではありませんが、努力と結果次第でアップできる余地があります。

そして複業のもう一つの特色が**「能動的なスタンス」**です。

副業は多くの人が、サブの仕事という認識で「与えられた仕事を忠実にこなす」というスタンスで取り組んでいます。

ですから、副業は「受動的に取り組む仕事」と言い表すことができるでしょう。

一方、複業は受動的に取り組む仕事ではありません。企業の要望を実現するために、積極的に施策や企画を提案し、期待された成果を上げるために動くことが要求されます。

「約束した業務をやってみましたが、思ったほど成果は上がりませんでした。以上！」などという受動的なスタンスで複業に取り組んでいる限り、ほぼ確実に失敗します。

複業では案件を依頼された個人が、自分の強みとなるスキルで企業をリードしていくスタンスが求められます。この点に関しては、これから詳しく解説していきますので、まずは複業＝能動的というところだけ押さえておいてください。

［＊7］**業務委託**……個人が企業などから労働契約以外の役務提供契約により委託を受けて、自営の形態で業務を行って報酬を受け取る行為。

複業のリアル❷

「好きな仕事」ではなく「求められる仕事」をする

好きだから、やってみたいから、だけでは無理がある

「好きなこと」にこだわりすぎて、複業の壁にぶち当たっている。そんな人も多い印象があります。

複業で「好きな仕事」をアピールすることはおすすめできません。本当に必要なのは「求められる仕事」という視点なのです。

先日、私たちが複業人材をスカウトするための面談を行ったとき、こんなことがありました。

Parallel Career

面談に来られた方は、特定の分野で豊富な実績と経験を持っています。ただ、本人のキャリアと私たちが求めていた職種にズレがあるのが気になりました。

「どうして今回、この業務に応募されたのですか？」

と質問したところ、返ってきたのは「好きなことに挑戦してみたかったんです」という答えでした。

もちろん、「好きなことをやってみたい」という想いを否定するつもりはありません。好きなこと・やりたいことで自己実現する。その気持ちは大事ですし、私たちも応援したいところです。

ただし、「好きだから」「やってみたいから」という想いだけで複業に突き進もうとすることには少々無理があります。

企業への貢献の姿勢を後回しにして、自分の欲求をアピールする。

それは、あまりに自分本位ではないでしょうか。

そんなときには、「この仕事に魅力を感じて」「商品・サービスに共感したから」など、応募の理由やモチベーションを表現することが大切です。そうやって「WHY（理由）」を伝えることにより、発注を考える側も、あなたへの興味が湧いてくるでしょう。

例えば、

「SNSが大好きで、毎日個人で発信しています。だから、御社でもSNSの運用をやらせてください」

ではなく、

「私はSNS運用の経験はそれほどありませんが、御社の商品・サービスに魅力を感じ、関連する分野の知識を深めてきました。そこで、ぜひ御社に貢献したいと思って応募しました」

などと、経験や知識のレベルを織り交ぜてアピールするほうが好印象を与えます。

企業が求めているのは、複業人材による確実で安定したパフォーマンスです。

応募者の自己実現の欲求を評価するわけではありません。

仮に「好き」「やりたい」という想いだけで複業を始めた結果、1か月でミスマッチが生じたらどうでしょう。契約はそこで打ち切りとなり、本人にとっても企業にとっても残念な結果に終わってしまいます。

ひいては「複業人材は微妙だ」と捉えられ、複業社会をグレーなものにしかねません。そうなれば、少し大げさかもしれませんが、自分の働く道を閉ざすことにつながってしまうかもしれません。

「ストレスにならないこと」を追求する

重要なのは、**個人的に好きかどうかではなく、相手から求められている仕事に、あなた自身が価値を感じているかどうか**なのです。

誤解を恐れずに少し付け加えると、好きなことより「ストレスにならないこと」を追求するほうが複業のパフォーマンスは向上します。

「好き」「やりたい」という想いだけで突き進もうとすると、困難な事態、思い通りにならない事態に直面したとき、一気にモチベーションがダウンします。

いわゆる「こんなはずじゃなかった」という状態です。

私たちも、これまでに似たような状況で、あからさまに連絡の頻度が落ちたり、消極的になったりする人を見てきました。

どんなに好きでやりたい仕事であっても、その仕事には様々なストレスの種が含まれています。

例えば、複業先の社長や担当者と価値観や反りが合わなければ、仕事を円滑に進めるのは難しくなるでしょう。

だったら、最初から「好き」という価値観で仕事を選ぶのではなく、まずはその社長や担当者と価値観や反りが合うかどうかを確認し、できる限りストレスの原因を排除した上で仕事を受けたほうが得策です。

「好き」「やりたい」は、あくまで仕事を選ぶ判断材料の一つでしかありません。

自分と企業がマッチしているか、それを様々な角度から検討した上で、仕事を選んでいくことが重要なのです。

複業のリアル❸

勤務先で複業が禁止されているとき

Parallel Career

会社が複業を禁じる背景にあるものとは

会社員の立場で複業をする人のハードルとして「会社で複業が禁止されている」「複業に対する目が厳しい」というものがあります。

会社で複業が禁止されている場合、複業に取り組むのが難しいのは確かです。ただ、会社で禁止されているからといって諦めるのではなく、「なぜ会社が複業を禁じているのか」を知る努力が必要です。

会社が複業を禁じる背景には、様々な理由があります。

例えば「複業に力を注ぐと自社の業務が疎かになる」と危惧している面があるかもしれませんし、「自社の技術や知見、顧客情報などの機密情報が他社に漏洩してしまうかもしれない」と懸念しているかもしれません。

しかし、**複業はスキルアップにつながるだけでなく、自らプロジェクトをリードする力も養われます。**複業で得た知見を会社の業務に還元すれば、会社にとってもメリットがあるはずです。

また、機密情報の漏洩は、そもそも複業をさせてよい、悪い以前に、法律的な意味で守らなければならないルールです。

つまり、ルールをきちんと守り、本業に支障を来さない・本業できちんとパフォーマンスを発揮できるという理解が得られれば、複業に取り組む余地や、交渉が成功する可能性はあるはずです。

国も複業を推進している

現状では会社によって複業への理解度に差があるものの、日本では国として副業・兼業を推進する姿勢を明らかにしています。

厚生労働省は、働き方改革の中に「柔軟な働き方がしやすい環境整備」を掲げており、2018年には「副業・兼業の促進に関するガイドライン」を策定。同時に「モデル就業規則」から副業禁止規則を削除し、「労働者は、勤務時間外において、他の会社等の業務に従事することができる」としました。

ガイドラインには企業の対応として次のように記載されています。

「裁判例を踏まえれば、原則、副業・兼業を認める方向とすることが適当である。副業・兼業を禁止、一律許可制にしている企業は、副業・兼業が自社での業務に支障をもたらすものかどうかを今一度精査したうえで、そのような事情がなければ、労働時間以外の時間については、労働者の希望に応じて、原則、副業・兼業を認める方向で検討することが求められる」

副業・兼業という言葉を使っていますが、国が複業・副業に前向きなことは確かです。

複業推進の流れに乗ろう

アメリカの労働省が実施した調査によると、業務委託で働くフリーランス人口は約7040万人で、全労働者人口の36％程度を占めています（2022年時点）。

理由はいくつかありますが、企業に終身雇用が導入されていない、という事情が大きく影響しているのは間違いないでしょう。

欧米の人材市場は流動性が高く、一度就職しても生涯の雇用が保証されるわけではありません。そのため、アメリカの労働者は、専門的なスキルを身に付けつつ、フリーランスの立場でキャリアの階段を上がっていく人が多いのです。

今後、日本では労働生産性を高めるため、終身雇用制度を見直す企業が増えていくと予想されます。それと同時に、業務委託を活用する流れは日本でも加速するはずです。

アメリカ型の働き方が日本に波及するのも時間の問題でしょう。現に、複業人材を活用する企業は増えているのです。

多くの企業が、複業人材を活用することで危惧していたようなデメリットは少なく、むしろメリットが上回ることに気づき始めています。

労働人口が減少し、人材不足が常態化している現状を踏まえれば、企業は在籍している社員に働き続けてもらうために、働きやすい環境を整備せざるを得ません。必然的に複業を認める傾向も加速することでしょう。

ですから、現在複業が難しいと考えている人も諦める必要はありません。本書でお伝えする複業のスキルをきちんと身に付けておき、いざ自由に複業できる状況を迎えたとき、即座に踏み出せるようにしておくことが大切です。

複業のリアル❹

複業に活用できる時間は誰でも作り出せる

「時間がない」と悩んでいる人へ

複業をめぐっては、次のような悩みも頻繁に耳にします。

「会社の仕事がある中で、いつ複業の時間を作ればよいのか分からない」
「使える時間が限られているので、複業をする自信がない」

こういう人は多いですが、大抵の場合、複業に充てる時間がゼロということはなく、考え方次第で複業の道は見えてくるものです。

時間がないというのは思い込みに過ぎません。

時間の使い方を整理していないため、どの時間が複業に充てられるかが理解できていないだけなのです。


「時間がない」と悩んでいる人は、まず、自分の1週間の時間を見直してみましょう。


通勤時間、仕事をしている時間、家事・育児に使っている時間、睡眠時間、趣味に使っている時間など、ありとあらゆる時間を見える化してみます。

すると、何となく複業に使えそうな時間が見えてくるはずです。


例えば、最近は、朝活で勉強するために早朝5時頃に起床している人も多いでしょう。

朝活に使っている5～8時（出社までの時間）の一部を、複業に充てることはできないでしょうか。

あるいは、「12～13時の昼休みは食事休憩なので、他の仕事をしようと思えばできる」ということもあるでしょう。

また、働き方改革で17時に退社できるようになった人は、18～20時までの時間を活用する方法もあります。

平日はほとんど時間の余地がないという人でも、「土曜の午前はボーッと過ごすだけだったけれど、何とか仕事時間に持っていこう」「日曜日の夕方の時間、2時間だけでできる仕事はないか」などと考えて、時間はひねり出せるものです。

比較的柔軟に時間を使うことができる個人事業主・フリーランスと比較すると、本業がある人は、朝・夜・週末の時間を、いかに組み合わせて使うかがカギになるでしょう。

いずれにせよ、**自分の時間の使い方を見える化することで、複業に活用できそうな時間が見つかります。**あとは複業に使える時間から逆算して、時間内でできる仕事に取り組めばよいのです。

「私の場合は特殊だから、時間の余裕なんてない」と考えがちですが、まずは自分の1週間の時間割を書き出してみてください。

時間の都合は、誰でもつくものです。

忙しい毎日でも、複業に使える時間は作り出せる

（会社員の実践例）

平日	
5:00	起床・ストレッチ
6:00	勉強
7:00	朝食
8:00	通勤
9:00	業務開始
10:00	
11:00	
12:00	昼休み
13:00	
14:00	
15:00	
16:00	
17:00	業務終了
18:00	通勤
19:00	帰宅・夕食
20:00	読書・動画視聴・SNSなど
21:00	翌日の業務の準備
22:00	入浴など
23:00	就寝

1日３時間を
複業に使用
⬇
平日の５日間で
15時間が確保できる！

●平日を活用した場合
１週間で 15時間×4週間
＝１か月 **60時間**を
複業に活用可能

土日（祝日）	
5:00	睡眠
6:00	
7:00	起床・ストレッチ
8:00	朝食
9:00	家事（掃除・洗濯など）
10:00	
11:00	自由時間
12:00	昼食
13:00	セミナー受講、ジム利用など
14:00	
15:00	ショッピングなど
16:00	
17:00	自由時間
18:00	
19:00	夕食
20:00	読書・動画視聴・SNSなど
21:00	翌週の業務の準備
22:00	入浴など
23:00	就寝

朝・夕・晩の
４時間を
複業に使用
⬇
土日の２日間で
８時間確保できる！

●平日に土日（祝日）もプラスして
活用した場合
１週間で 23時間×4週間
＝１か月 **92時間**を
複業に活用可能

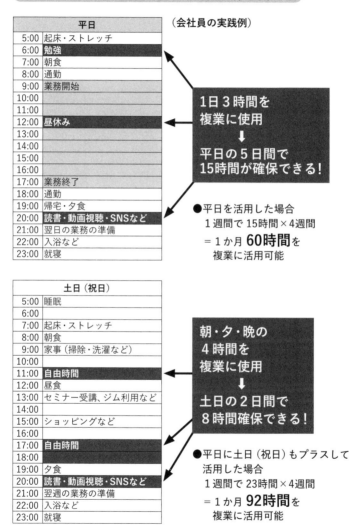

日常のルールを設定しておくことが大事

複業の時間割を作るに当たっては、あらかじめルールを設定しておくことが重要です。私たちの場合でいえば、「極力、土日は仕事でチャットをしたり、パソコンを開いたりしない」「睡眠時間は6時間を確保する」「イレギュラーの対応が必要なときだけ早朝や22時以降の時間を活用する」などのルールを決めています。

ルールを徹底して守り、複業にありがちなオーバーワークを阻止しているわけです。

平日に関しては二人の間での時間割と優先順位を共有しており、午前10〜12時＝第一アクティブ時間、13〜17時＝第二アクティブ時間、17時以降＝第三アクティブ時間とし、優先順位の高い仕事を予定し、17時以降はイレギュラーの仕事だけを入れています。

また、平日は午前10時までは仕事の予定を入れないようにしているほか、12〜13時も原則としてアポイントメントは入れずに自由に使える時間にしています。

このように、事前にルールを作っておくことで、仕事やアポを入れるときに、いちいち迷うことがなくなります。

Color WiTh株式会社の時間割ルール

平日の例	
6:00	仕事を入れない時間
7:00	
8:00	
9:00	
10:00	**第一アクティブ時間** 取引先打ち合わせやチャット対応
11:00	
12:00	昼休み
13:00	**第二アクティブ時間** 取引先/複業職人との打ち合わせ
14:00	
15:00	
16:00	
17:00	**第三アクティブ時間** 当日/翌日のタスクチェック～事務作業系
18:00	
19:00	仕事を入れない時間
20:00	
21:00	
22:00	
23:00	

優先順位の高い仕事を予定

17：00以降はウェビナーや営業資料作成などの自由仕事時間

複業は人生を充実させる手段

複業という働き方をポジティブなマインドで選択する

この章の最後に強調したいのは、**現状の不安にかられて複業という働き方を将来の自己防衛の手立てとして選ぶのではなく、ポジティブなマインドを持って選んでほしい**ということです。

今、海外では物価上昇に比例して賃金も上昇傾向にあるのに対して、日本では物価が上昇しても賃金は一向に上がらない状況が続いています。しかも、少子高齢化を背景に国民の税負担は重くなる一方です。

一昔前までは、「いい企業に入れば、ある程度安定した人生を送ることができる」という考え方に説得力があったものの、現在ではその価値観は崩壊しつつあります。

おそらく日本で働く多くの人が「このままの働き方で大丈夫なのか」「一つの会社で働くだけじゃダメなのでは？」と気づきつつあるのではないでしょうか。

しかし、「不安だから複業をする」という発想ではもったいないのです。なぜなら複業は人生を充実させる手段の一つだからです。

自分の市場価値を発見しよう

私たちは、複業が日本の閉塞感を打破する糸口になると考えています。なぜなら、複業には以下のようにポジティブな要素があるからです。

複業をすることで、**収入のルートが増えること**は何物にも代えがたい魅力です。

終身雇用制度が崩壊しつつある現在、一つの会社で働く以上に収入を増やすことのできる手段を持つことは、将来のリスクヘッジであるばかりでなく、毎日を快適に過ごすための知恵でもあります。

そして、さらに強調したい要素として、**個人の市場価値の再発見**があります。

例えば、企業の営業部に所属して働いている人の多くは、売上という視点を基に、自分の強みを「営業」と大まかに認識しています。会社では、主に売上を上げたかどうかで評価されるため、自分の強みについて振り返る機会がほとんどないのです。

しかし、実は「営業」の中でも、資料を作成するスキルに秀でている人もいれば、数値分析を得意とする人もいます。

複業の現場は、細分化したスキルを求められたり発揮したりする機会が多く、**複業人材にとっては、個人の強みを自覚しやすい環境**なのです。

「自分にはこんなスキルもある」
「自分のスキルがこんなにも役立つものだとは思わなかった」
「この分野でも強みを発揮できそう」

こんなふうに、複業に取り組むことで、本業に取り組むだけでは気がつかなかった新しい自分の可能性や発見が次々と出てきます。

つまり、複業は自分自身をより深く知る格好の機会なのです。

しかも、お金をもらいながら自分を再発見できるのですから、まさに一石二鳥。これは非常に貴重な体験と言えるのではないでしょうか。

そして、**個人が主体的にキャリアを切り開くことができる**ということも、複業の大きなメリットです。

これまではキャリアチェンジの手段は転職・独立・起業しかありませんでしたが、複業をすればお金をもらいながら様々な企業の働き方にチャレンジできます。

10社で複業をすれば、10通りの働き方・関わり方を学ぶことができます。言い換えれば、10通りの新たな可能性を知る機会となります。

つまり、複業をすればするほど、自分の将来の可能生が広がるわけです。

自分の強みと可能性を知り、充実した人生を送るためにも、積極的に複業という働き方を活用していきましょう。

第 2 章

Chapter 2

複業の準備をする
──自分の適性・価値を把握し、スキルを向上させる

適性・価値を把握する〈ステップ❶〉

職務経歴書を作成し、キャリアの棚卸をする

キャリアの棚卸でスキルや実績を俯瞰する

複業を始めるに当たっては、まず自身の適性・価値を把握する必要があります。そのために実践したいのが、『職務経歴書』『ポートフォリオ』『ハッシュタグ化』という三つのステップです。

まずは、ステップ1として、『職務経歴書』から説明していきましょう。

転職活動では「キャリアの棚卸をしましょう」などと言われることがあります。キャリアの棚卸とは、これまで仕事の中で行ってきた業務を時系列で洗い出していく作

自分の適性・価値を把握するための3ステップ

ステップ1　職務経歴書
自分がこれまで行ってきた業務を時系列で洗い出し、
自分のスキルや実績を俯瞰する

↓

ステップ2　ポートフォリオ
職務経歴書を図式化し、実績やスキルをより分かりやすく、
解像度を上げた形で提示できるようにする

↓

ステップ3　ハッシュタグ化
スキルや強み、実績の中から抽出したキーワードを作り、
端的に表現できるようにする

業を意味します。

キャリアの棚卸をすると、自分自身のスキルや実績を俯瞰することができます。

そして、それをテキストベースで整理してまとめたものが職務経歴書となります。

まずは転職活動と同じようなイメージで、職務経歴書を作成してみましょう。

転職経験がない人、転職活動から長く遠ざかっている人は、職務経歴書をどうやって書けばよいか分からないかもしれません。

その場合は、WEB上で職務経歴書の書き方を検索すると、フォーマット

やサンプル、書き方のノウハウを知ることができます。

ただし、職務経歴書に書き出したスキルや実績などは、あくまでも自分自身の認識に基づいています。ですから、そこで示されている強みが「本当の強み」であるとは言い切れないところがあります。

実際に、複業がうまくいかずに悩んでいる人に対して、私たちが職務経歴書の情報を基に質問を重ねていくと、「本当の強みはここではない」「書いてある内容より、こっちのほうが秀でている」と気づくことが多々あります。

例えば、職務経歴書に書いてある強みが「ＳＮＳ運用」で、Ｘ（旧Twitter）の運用が得意だと主張している人がいたとします。

しかし、私たちがその人の具体的な実績や経験を掘り下げていくうちに、「Instagramのほうができることが多そう」などと判断が変わっていくようなことも、往々にしてあるのです。

第三者の目から強みを判断する

ですから、**職務経歴書を作成したら、それが客観的に妥当な内容かどうかを第三者の目から評価してもらうことも重要**です。

できれば自分のことをよく知る人、例えば自分の親や兄弟姉妹、職場の同期、過去の職場の上司などに確認してもらうとよいでしょう。

身近に相談できる人がいなければ、プロのコーチングを受けるのも一つの方法です。

世の中には、キャリアコーチングで受けたアドバイスをきっかけに異業種転職に成功した人がたくさんいます。

例えば、営業職の人の中には、後輩と接する機会が多く、後輩に慕われているタイプの人がいます。

コーチングを通じて相談者の経験を引き出していくうちに、「そういえば入社説明会では、社員を代表して学生向けに業務内容を説明することがよくありました」といったエピソードが明らかになります。

結果として、人事（教育・採用担当）に適性が見いだされるようなことがあるのです。

ポートフォリオを作成し、スキルを可視化する

転職活動と複業ではアピールすることが違う

転職活動では、前節でご説明した職務経歴書や履歴書を基に、面接を通じて転職志望者が自己アピールをしていくことになります。

企業側は、転職志望者に質問をしながら、自社に相応しい人材かどうか、スキルだけでなく人柄や将来性も重視しながら総合的に見極めていきます。

一方、**複業活動で判断される要素は、何よりもその人が持っているスキルです。**

企業側は複業人材を社員として雇用するわけではありませんし、成果が出なければその

場限りで契約を打ち切ります。

どちらかといえば、人柄や将来性の優先順位は低いといえます。

つまり、複業活動ではスキルを端的に、しっかりと打ち出す必要があるのです。

とはいえ、文章ベースの職務経歴書を見せただけで、企業に「何ができるか」を的確に読み取ってもらうのは容易ではありません。

そこで重要なのが、『ポートフォリオ』を作って自分の価値を可視化することです。

ポートフォリオとは日本語に直訳すると「紙ばさみ」「書類入れ」という意味で、ビジネス上では実績や強みを整理した「作品集」として使われている言葉です。

一般的なビジネスパーソンにはなじみが薄い人が多いかもしれませんが、デザイナーや写真家などのクリエーターは、営業資料としてポートフォリオを作成するのが当たり前になっています。


私たちは複業についてアドバイスをする際に、職務経歴書をポートフォリオ化することをおすすめしています。

ですからイメージ的には、職務経歴書を図式化し、より解像度を上げたものがポートフォリオということになります。

箇条書きではなく、キーワードで表現

職務経歴書では、「どの会社で何をしたのか」を箇条書きで列挙していくのが基本ですが、ポートフォリオでは箇条書きの情報は最小限に抑えます。その代わり、強みとして打ち出したいキーワードを「マーケティング戦略」「SNSマーケティング」「リスティング広告」などのように強調する形で提示します。

ポートフォリオの中で特に作成をおすすめしたいのは「スキルセットの一覧」です。

単に「私はマーケターです」と言った場合、企業に何ができるのかを読み取ってもらうのは難しいですが、自分が有するスキルセットを参考図例のように図式化すれば、何ができるかが一目瞭然となります。

あるいは、業務上の利用ツールを一覧化するのも良い方法でしょう。

職務経歴書をポートフォリオ化する／実践例❶

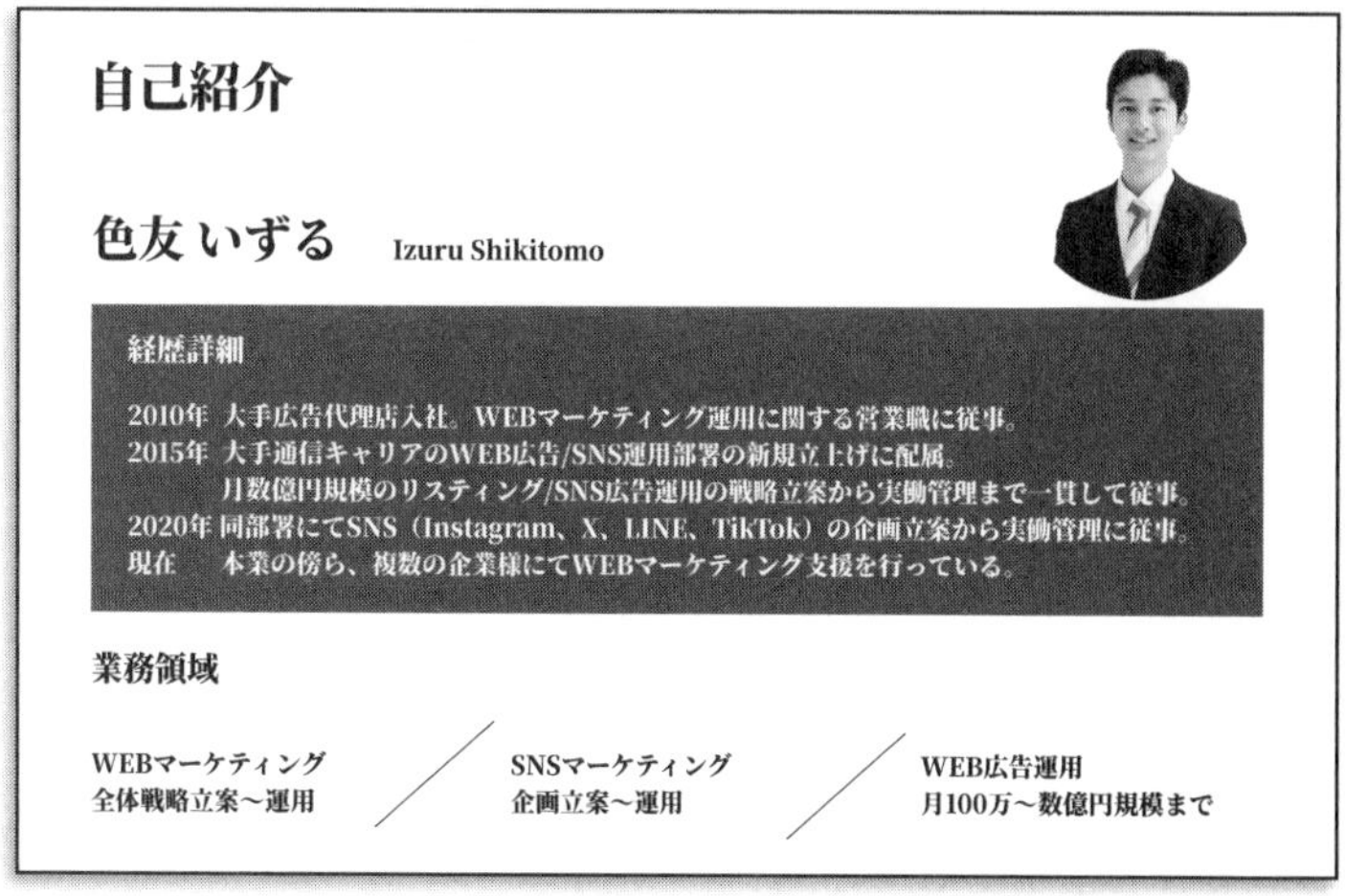

職務経歴書をポートフォリオ化する／実践例❷

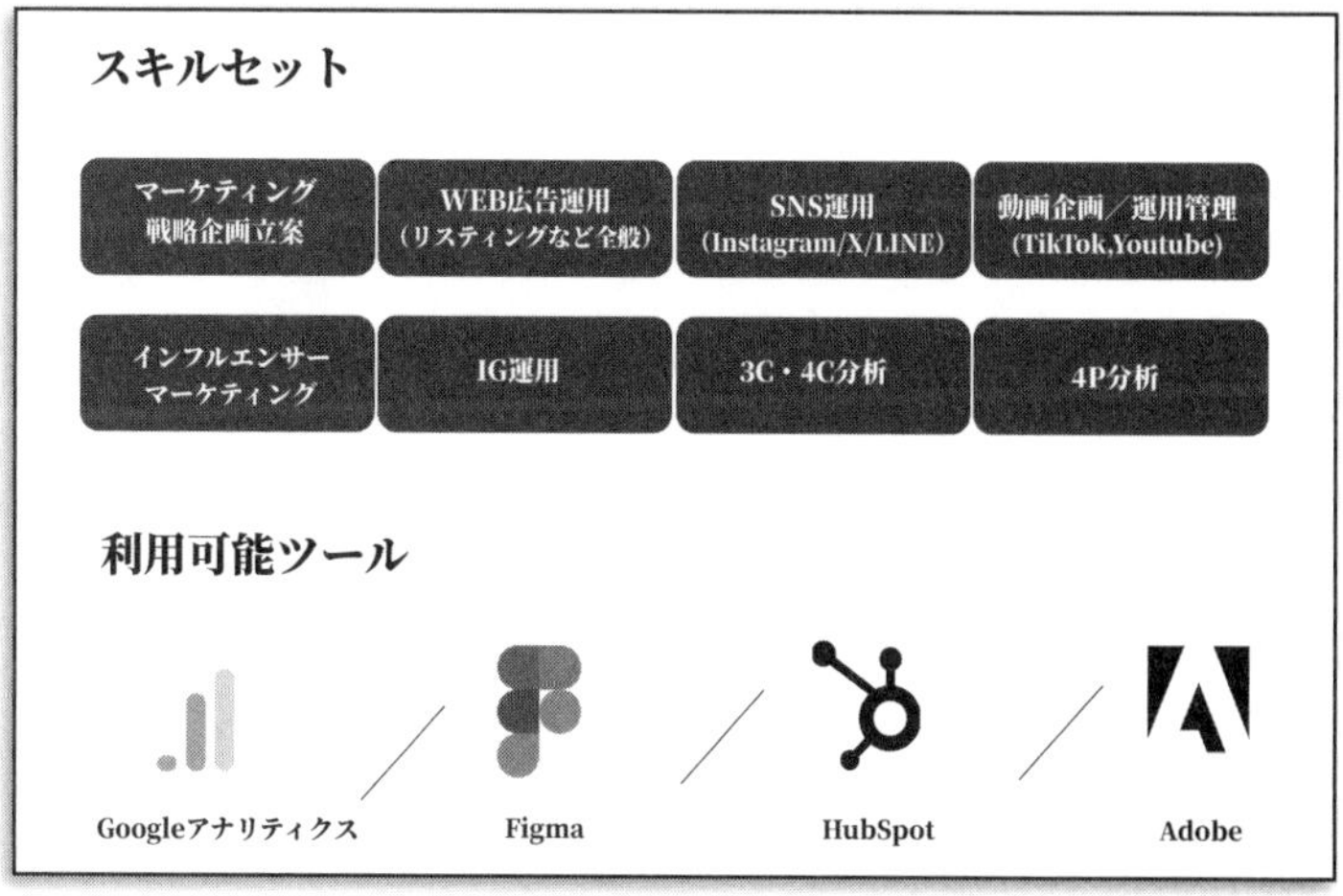

例えばデザイナーの場合、自分が使えるデザインツールを「Illustrator」「Photoshop」「Dreamweaver」「InDesign」のように図式化することで、スキルを一目で理解してもらえるようになります。

さらには、受注実績を「1社（1案件）1枚」でビジュアルも活用しながら端的にまとめていくのも効果的です（73ページ図表）。

実績をできるだけ数値化する

複業の経験がないからこんなポートフォリオは作成できない、そう思う人もいるかもしれません。しかし、そんなことはありません。会社員であれば、会社の仕事を通じて残した実績をまとめればいいのです。

実績は、過去の仕事から拾っていきましょう。営業職やマーケターのように数字を追う職種の人は、分かりやすく定量的な成果を出せるはずです。「前年比○％売上をアップさせた」「売上○円を達成した」といった数字には説得力があります。

職務経歴書をポートフォリオ化する／実践例❸

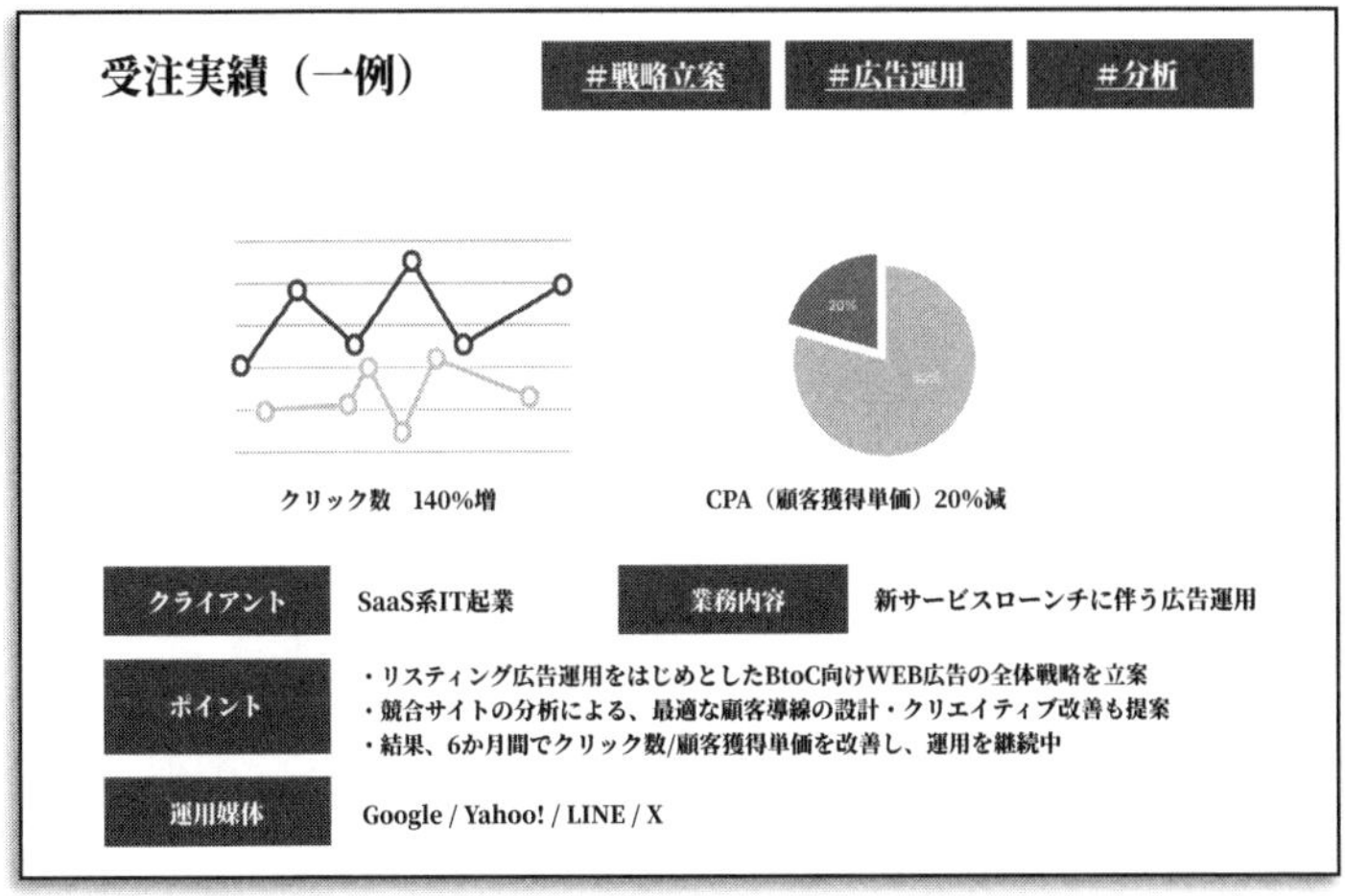
受注実績（一例）
#戦略立案
#広告運用
#分析
20%
クリック数　140%増
CPA（顧客獲得単価）20%減
クライアント
SaaS系IT起業
業務内容
新サービスローンチに伴う広告運用
ポイント
・リスティング広告運用をはじめとしたBtoC向けWEB広告の全体戦略を立案
・競合サイトの分析による、最適な顧客導線の設計・クリエイティブ改善も提案
・結果、6か月間でクリック数/顧客獲得単価を改善し、運用を継続中
運用媒体
Google / Yahoo! / LINE / X

直接的に利益を追わない総務・経理・人事職などであっても、具体的な数値を示すことは可能です。

例えば人事の仕事では「採用に携わって○名の採用を行った」「志望者数を○％アップさせた」「人事評価制度の改定に携わった結果、3年で離職率が○％低下した」「従業員満足度が○％上がった」などの成果を示す方法があります。

また、**定量的な成果がなくても実績を伝えることはできます。お客様から感謝されたエピソードなども、一つの実績として伝えることができるのです。**

例えば、高橋は長年営業職を担当して

いましたが、タイトルホルダーになった経験は少なく、ポートフォリオでも数値的な実績は強調していません。

ただその一方で、多様なプロジェクトに携わり構想を形にする力や、プロジェクト遂行のために社内外の様々な方々と連携した経験値こそが強みであり、それを実績としてお伝えしています。

自分では成果だと自覚していなくても、企業から評価された経験は実績として主張するべきです。

ですから、実績を数値化できずに悩んでいる人は、普段の仕事の中で顧客から評価された経験を振り返ってみてください。

実績の積み重ねが強みになる

個人に紐付けられた数値や経験だけでなく、これまで積み重ねてきた実績の「量」を主張できると、さらなる強みになります。

例えば「SNSマーケティングで30社以上のアカウントに携わった」と、それぞれの実績を具体的に伝えることで好印象が生まれるでしょう。

ですから、**ある程度の実績を持つ人は、ポートフォリオとは別に『実績集』を作っておくことをおすすめします。**

実績集があれば、それぞれの事例を基に「こういう仕事の進め方をすれば、こういう成果を出すことができる」というストーリーを話しやすくなります。

とはいえ、実績の数が少ないのに無理をして「あれもこれもできます」と大風呂敷を広げる必要はありません。

まずはポートフォリオを活用して受注し、一つひとつ実績を積み上げていきましょう。そして、経験に応じてポートフォリオと実績集を更新していけばいいのです。

複業を経験した数だけ、事例が蓄積していきます。蓄積した事例の中から使える材料をピックアップして、自己アピール力を高めていく。このサイクルをいかに回せるかがカギとなります。

自分の強みをハッシュタグ化して表現する

強みの解像度を高める「キーワード」

職務経歴書で提示するスキルや強み、実績の中から抽出したキーワードを、私たちは「ハッシュタグ」と呼んでいます。

ＳＮＳでは、投稿を分類する手段としてハッシュタグ（＃）が使われています。タグを付けることで、発信者は投稿内容を端的に表すことができ、受信者は検索によって同じタグが付いた投稿を一覧できます。

「ハッシュタグ化」とは、これを複業する個人にも応用するものです。

簡単にいえば、**自分の強みの解像度を高めるための「キーワード」を作るということ。ハッシュタグ化によって、「自分はこういう強みを持った人間」という情報を端的に表現できるのです。**

実際に例を挙げてみましょう。

「営業」という仕事に紐付くハッシュタグには「新規営業」もあれば「既存営業」もあります。「カスタマーサクセス」もハッシュタグになり得ますし、「テレアポ営業」「飛び込み営業」「提案営業」といったハッシュタグも考えられます。「社長営業」「人事向け営業」など、細分化していけば枚挙に暇がありません。

ちなみに若色個人の〝営業〟に紐付くハッシュタグを挙げると、以下のようになります。

「新規営業」「提案型営業」「営業マネジメント」「営業戦略」「経営者営業」「テレアポ」「クロージング」「法人営業」「個人営業」「ダイレクトセールス」「パートナーセールス」「営業企画」「B2B営業」「大手企業開拓」「営業責任者」「営業リーダー」「営業研修」「飛び込み営業」「商談設定」「問い合わせメール」「競合調査」「リード獲得」「経営企画」「事業開発」

「プレゼンテーション」等々。

もちろんハッシュタグは営業に紐付くものに限りません。

若色という人間を表すキーワードという意味では「MVP獲得」「有形商材営業」「無形商材営業」「コカ・コーラ」「パソナ」「新規事業開発」「プロマネ（プロジェクトマネジャー）」「0→1（ゼロイチ）」といったハッシュタグもあります。

個人によってハッシュタグは多種多様です。

高橋の場合は「営業」「コーポレート」「人事・採用」「事業企画」と、大きく四つの分野でハッシュタグを細分化できます。

さらに、「人事・採用」の分野の中では「キャリアアドバイザー」「キャリアコンサルティング」「面接官トレーニング」「自己啓発」「メンター」などのハッシュタグが挙がります。

複業クラウドからハッシュタグを見つける

このハッシュタグという言葉は、複業市場で一般的に使われているものではありません。ですから「自分の強みをハッシュタグ化してください」と言われても、読者の多くは自分の強みのキーワードをイメージしにくいのではないかと思います。

その場合は、複業マッチングプラットフォームの一つである複業クラウドを参照してみましょう。

複業クラウド内では、ハッシュタグで複業案件を検索できるようになっています。例えば「営業」「人事」「マーケティング」に紐付くハッシュタグを探せば、10や20ワードくらいはすぐに見つかります。

登録者個人が他の登録者のハッシュタグを確認することはできませんが、企業側が人材に求めるハッシュタグは確認できます。

そこから自分にも当てはまりそうなハッシュタグを見つけて、自分に当てはめてみればよいのです。

複業クラウドで募集案件を検索すると、案件の上部にハッシュタグが記載される

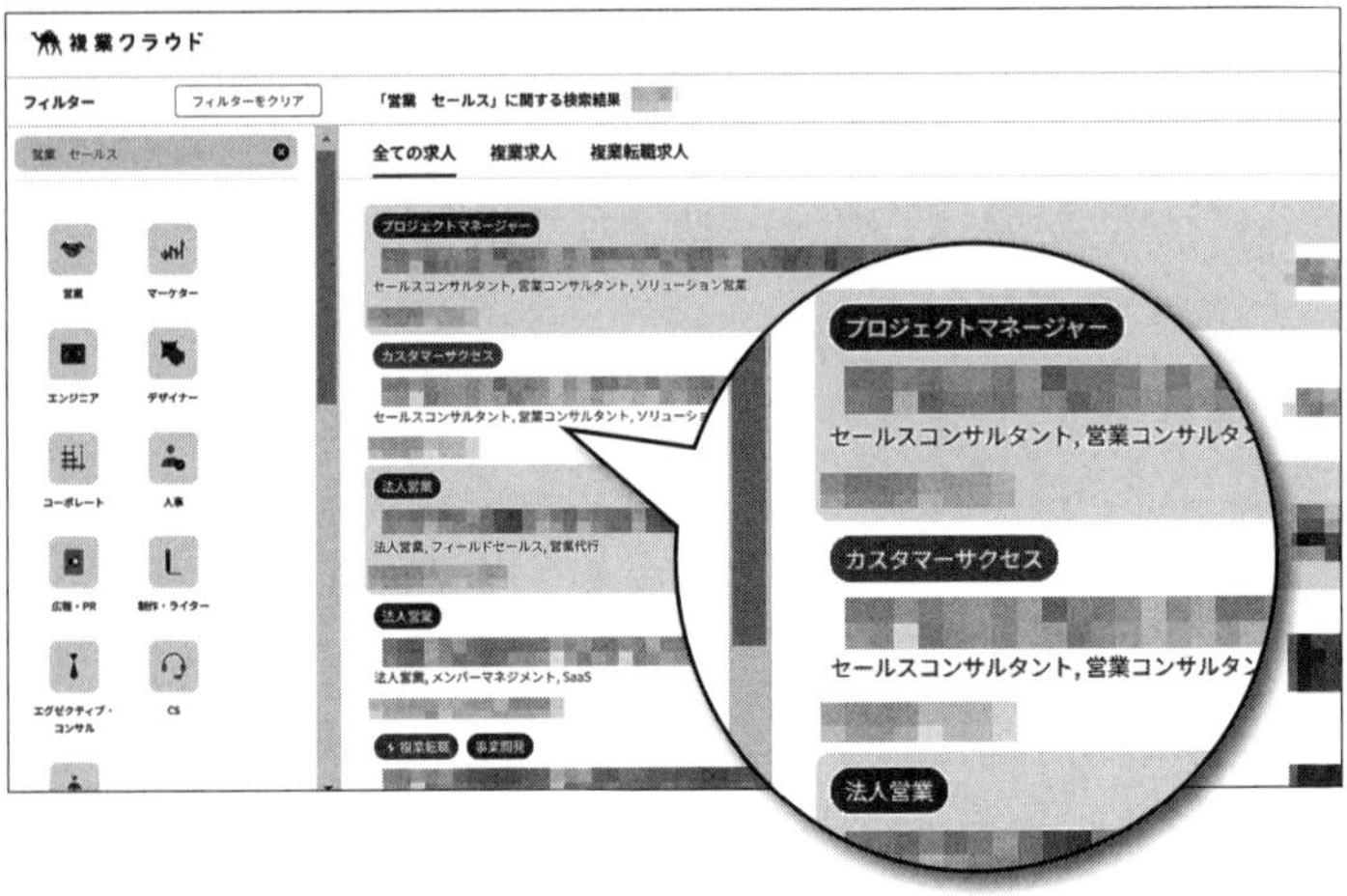

企業に合わせたハッシュタグを見せる

基本的に、ハッシュタグはできるだけ多く設定しましょう。

複業クラウドのようなプラットフォームでは、どんな企業が見たときでもアピール度が高くなるように、多岐にわたるハッシュタグを見せておくことが重要です。

ただ、ハッシュタグを無作為にたくさん用意してしまうと、かえってどれが強みなのか分かりにくくなることもあるので注意しましょう。

実際に企業に提案する際は、企業側が求めているスキルや強みに合わせたハッシュタグに照準を当ててセレクトし、提示する必要があります。

事業開発の中でも、0→1の案件をどう進めてよいのか分からない企業に対しては、「0→1」のハッシュタグが有効でしょう。

さらに、人事系のスキルの中でも、評価制度設計、キャリア開発など、特色のあるハッシュタグは強みとしてアピールできる可能性が高くなります。

企業のニーズに合わせたハッシュタグを準備し、そのハッシュタグをどう生かせばよいかまで考えておきましょう。

自分の強みは何で、それらを使って企業にどんな貢献ができるのか。

その「ストーリー」を自分の言葉で語れるようにしておくことが大切です。

自分の趣味もハッシュタグにできる

自分の強みをハッシュタグ化するという意味では、趣味の領域をハッシュタグにすることも可能です。

私たちの知っている方で、普段は会社員をしながら、趣味としてSNS上で手相に関する情報を発信されているケースがありました。手相に特化した情報を発信するアカウントで1万人以上のフォロワーを抱え、手相の相談などが収益に結びついているそうです。

本人が「趣味レベルでやっていること」という認識であっても、ユーザーが満足する商品やサービスを提供できるのであれば、それは立派なビジネスです。

趣味に対する思い入れと見識を持ち、持続的に発信できる自信があれば、積極的に複業にチャレンジすべきです。

ただし、趣味をビジネスにするからこそ生まれる苦労もあります。

例えば、草野球は休日に趣味としてプレーするからこそ楽しいものです。仮にプロとしてプレーすることになれば、競争やプレッシャーなどで、楽しいだけでは済まされなくなるはずです。つまり、趣味は趣味にとどめておいたほうがよい場合もあるのです。

一度、収益化にチャレンジしてみる

趣味を趣味の段階にとどめておくか、複業としてビジネスに発展させるか。それを見極めることを目的に、一度、収益化にチャレンジしてみるのもよいでしょう。

とはいえ、中途半端な価値を提供して、依頼を受けた企業に迷惑をかけるというのは考えものです。

そのため、自分も企業もリスクを負わない形で始めてみることをおすすめします。

例えば、普段は総務の仕事をしながら、趣味でイラストを描いている人がいたとしましょう。こういう人は、まず、単発で安価な案件に取り組んでみてください。

市場的には1万円くらいで受発注されている仕事を、2000円程度の単価で受けてみるのです。

作品集を見てもらい、自分の作風をきちんと示す。

そして、「趣味の領域からスタートするため満足いただけるか分からず、通常の単価から落としてご提案しました」という伝え方をすれば、依頼を考える企業は出てくるはずです。

完成したイラストを納品し、「単価で1万円くらいのイラストだと思いますよ。私たちとしては感謝したいレベルです」などと評価してもらえた場合には、次回の発注を受けるときに単価を1万円に上げる交渉も可能になります。

こうして企業から正当な評価をもらえた場合には、趣味の分野であってもハッシュタグとして問題なく打ち出せるようになるでしょう。

ココナラやSKIMAなど、趣味の分野のスキルを必要な人に提供するためのスキルマーケットも活用できます。そちらについては、改めて106ページで解説します。

スキルを向上させる〈ステップ❶〉

複業市場で価値を発揮するスキルとは

日常のスキルの底上げ

複業を始めるに当たり、あえて特殊なスキルを身に付ける必要はありません。

例えばエンジニアのハッシュタグが有効だからといって、今からエンジニアを目指す必要はありません。

手持ちの能力の中から企業が求めるものを提供すれば、誰でも複業は可能です。

とはいえ、複業市場で価値を発揮するために、あらかじめ磨いておきたいスキルはいくつかあります。

Parallel Career

どれも、あなたが仕事をする中で、ある程度身に付いているはずの日常的なスキルです。やるべきこととは、そのスキルのレベルを1から2、2から3程度に引き上げておくといったイメージでしょうか。

次の三つのスキルの向上を、普段から意識しておいてほしいと思います。

・提案資料のブラッシュアップスキル

複業では、企業が依頼したい内容があらかじめ明確になっているとは限りません。むしろ、企業側で正解が分からない問題に対して、「そういう事情でしたら、私はこういう関わり方ができます」と提案をしていく必要が生じます。

提案の際、口頭で説明するだけでは、具体的に仕事がどう進むかをイメージしにくい場合があります。

そんなときには、**工程を図式化した計画表があると説得力が格段に上がります。**計画表を通じて「時間軸」と「やること」を明確にするのです。

私たちは、こういった計画表をロードマップと呼んでいます（ロードマップの詳しい内容は第4章でお話しします)。

ツールはExcelでもPowerPointでも何でもかまいません。自分の仕事を見える化するために、普段から最低限の資料作成スキルを磨いておきましょう。

・周りとのコミュニケーションスキルを磨く

複業をするには、通常の業務にプラスして専用の時間を確保する必要があります。限られた時間の中での作業ですから、仕事の全てを自分で請け負おうとすると、行き詰まる可能性が高くなります。

普段から会社の業務を通じて「上手に周りに頼るスキル」を磨いていけば、それは複業を行う際にも成果を出しやすくなります。

実は、人に頼るスキルに長けているのは経営者だったりします。

経営者は「この仕事は〇〇役員にお願いします」「このプロジェクトはあなたに任せたよ」といった発言をすることがよくあります。そして言われた側は、社長に任されたことを意気に感じて、モチベーション高く取り組みます。その一方で、経営者は仕事を任せて時間の効率化を図っているのです。

このスキルは経営者に限らず、現場レベルでも応用が可能です。

例えば、職場の部長から「成果報告業務を取りまとめてくれ」と依頼されたとしましょう。そんなときに自分一人でゼロから取りまとめると膨大な時間がかかります。

そこで定型フォーマットを作成し、チーム内で次のように呼びかけたらどうでしょう。

「皆さん、これからは毎週月曜日に成果をフォーマットに入力をお願いしたいです。それを私が取りまとめて火曜日に部長に報告します。どうかご協力ください！」

こうすれば、自分の仕事はデータを取りまとめるだけになって、一気に作業が省力化できます。

・事前確認におけるスキルの洗い出し

複業を進める際には、自分と企業との間で認識のずれが生じる可能性があります。

そのため、あらかじめ不安に思う部分をリストアップしておき、打ち合わせの場でクリアにしておくことが重要です。

こうして確認事項のリストアップのスキルを上げておくことで、「自分のできる／できないの基準」が明確になります。

普段から、社内の気心の知れた仲間と「暗黙の了解」で仕事を進めている人は、こうした事前確認のアクションを意識することが必要です。なぜなら、複業は「気心の知れた仲間」とやるものではないからです。

複業をスムーズに運ぶためには必要不可欠のスキルですから、普段から意識してみてください。

スキルを向上させる〈ステップ❷〉

「会社員」として経験しておきたいこと

会社員と複業、共通して押さえるべきポイント

現在会社に勤務していて、これから複業を始めようとする人は、とにかく会社で経験できることに徹底的にチャレンジしておくべきです。

私たち自身、会社員時代に様々な部署を経験することができ、そこから複業で仕事のフィールドを広げてきました。その際に実感したのは、「どの仕事でも押さえるべきポイントはほとんど共通している」ということです。

具体的にいえば、**段取りやコミュニケーションスキル**が挙げられるでしょう。

Parallel Career

営業にしても、経理や人事にしても、全ての仕事には期限があり、優先度をつけつつ段取りを組む必要があります。工程に無理がある場合には、同僚に相談したり、上司に報告したりしながら、障壁となるものを解消していきます。

当然ですが、こうした基本的な仕事の進め方は複業でも求められます。

これは会社を出て、様々な環境を経験するから気づくことでもあるのですが、ずっと同じ職種で同じような仕事をしていると、そうした仕事の進め方は「当たり前」になり、誰もがそのスキルを上げようとしなくなってしまいます。

けれども本当は、この「基本」を押さえている人こそが複業で価値を発揮するのです。

そうした意味で、**会社員は会社という組織を徹底的に使い倒して、できるだけ多くの経験をしておくべきです。**

部署異動がない会社に勤務していたとしても、「チャレンジできることは全てやり尽くす」くらいの意気込みが大事です。

例えば、会社員であれば誰しも「これやってみたい人いるかな？」「これって、君はできる？」などと打診された経験が一度や二度はあるはずです。

そんなときには、興味のある、ないにかかわらず、ぜひ手を挙げてほしいのです。

大抵の場合、そうした上からの打診は新しい案件や少し難度の高い案件で、チャレンジする価値のある要素が含まれています。

あなたが手を挙げるだけで、スキルアップのきっかけになるのです。


「ちょっと興味はあるけど、失敗したらダメージがでかいな」

「これ以上負荷がかかるのは嫌だな」


こんなふうに考えていたら成長は止まります。

せっかく自分のことを認めてオファーしてくれているのですから、「やってみてもいいですか？」「やってみたいです！」とチャレンジ精神で手を挙げて、いったん引き受けた以上は、とことんやりきりましょう。

チャレンジして失敗しても問題ありません。失敗経験はその後の糧として確実に生かされるのですから。

様々な業界の情報に触れておこう

先ほども述べましたが、複業は企業の要望が曖昧な状態からスタートすることが多々あり、提供すべきサービスも決まっているとは限りません。

ヒアリングを基に相手の課題を明らかにし、解決策を考えていくという点では、無形営業に近い感覚があります。

実際にコンサルティングやマーケティング、ＷＥＢ広告などの分野で複業市場が拡大しているのも、そういった背景があります。


ですから逆にいうと、小売業や不動産、カーディーラーなど、有形営業に携わる人は、複業の感覚を持ちにくいかもしれません。

序章で述べたように、若色自身もコカ・コーラ時代に有形営業を経験しました。

当時のスキルを活用して複業ができたかと問われれば、かなり不十分な状態だったといえます。

なぜなら有形営業では、行動量が比例していれば自社商品の知識と競合他社の情報をインプットしておくことで、十分に成果を上げられたからです。

当時は、自社以外の業界・業種に目を向けたり、業界外で自分が成果を上げられるかどうか考えたりという発想を持っていませんでした。

そしてパソナに転職して、最初に経営者の方を相手に営業をしたとき、「もういいから帰れ」と言われた経験がありました。

事前の準備を怠って、先方の会社について全く調べていなかったためです。そこで初めて、相手の業界・業種を知っておく重要性に気づきました。

幸いなことに、人材業界では営業経験を重ねていけばいくほど、いろいろな業種・職種の人に触れることができました。

今では事業概要や職種名を聞けば、おおよそどんな仕事をしているのか、利益率は何%くらいなのかなどが想像できるようになっています。複業先で、初めての業種・職種と関わるときにも不安を感じることはありません。

テレビやYouTubeをチェックする

複業をイメージしにくい職種の人は、普段から他の業界や業種、職種の動向に少しだけでも目を向けておくことをおすすめします。

例えば、いつも食べているポテトチップスを製造している会社に関心を持ってみる。「湖池屋って、どんな会社なんだろう」と関心を持ち、湖池屋のホームページをチェックすれば、商品の開発秘話などの記事がアップされています。

そういった情報を通じて、ポテトチップスを製造するスナックメーカーがどのような仕事をしているかの一端を知ることができるわけです。

テレビでも工場にカメラを入れて生産工程を紹介するような番組がありますし、経済番組で特定の企業の働き方を取り上げることもありますし、YouTubeなどで企業の広報が自社の働き方を発信しているケースも増えています。そしてもちろん、日本経済新聞も貴重な情報源として利用しておきたいところです。

興味を持った業種や職種があれば、仕事のスキマ時間などに見ておくとよいでしょう。

複業に不安を持つ人へのアドバイス

足りない知識を補えば複業はうまくいく

「複業に興味はあるけど、一歩を踏み出すのが怖い」

そんな不安を持つ人もいることでしょう。

株式会社Another worksが20歳以上の男女330名を対象に行った実態調査では、複業経験者の約6割が、複業を始めた当初に不安を抱えていたと報告されています（2023年2月公表データより）。

不安の理由としては、以下のようなものが挙げられています。

・時間の確保ができるか分からない（34・9％）
・自分のスキルに自信がない（19・0％）
・案件の探し方や金額の設定など何から始めたらよいのか分からない（17・5％）

未体験のチャレンジに不安を抱いてしまう人の気持ちはよく分かります。
しかし、安心してください。給料を時給単価で計算してみれば、世の中には今あなたが会社でしているよりも、高く値付けされている仕事がたくさんあるものです。

自分のスキルに自信がない人は、考え方を変えてみてください。

今の会社で給料をもらえているのなら、それは相応の成果を出していることの証明です。

複業市場では、社員と同じ内容の仕事ができる人材を業務委託の形式で求める企業が次々と登場しています。
自分の仕事レベルと企業の要望レベルがマッチすれば、会社の勤務時と同じパフォーマンスをすることで、仕事をもう一つ増やすことができるわけです。
複業の進め方に不安がある人は、足りない知識さえ補えばうまくいきます。案件の探し方や金額の設定など、具体的なノウハウは次章から詳しくお伝えしていきます。

大切なのは貪欲さとハングリー精神

先ほどの実態調査で1位に集計されたのは「時間」とのことでした。

時間の不安に関しては、53ページでお伝えしたように、まずは自分の時間の使い方をいったん洗い出してみることが重要です。

そこから生活の中で複業に充てられる時間を可視化できるはずです。

ただし、時間を捻出するだけで複業がスムーズに踏み出せるとは限りません。

私たちの経験で判断すると、「複業っていいな」「ちょっとやってみたいな」という軽い興味から関心を持って、そこから実際に複業に踏み出せた人は稀です。

仕事を増やすことは、新たな負荷を受け入れる行為でもあります。負荷を受け入れるためには、相応のモチベーションが求められます。

「本当にやりたい」「やらないと後悔する」というくらいにスイッチが入って、初めて複業の第一歩を踏み出せるようになるのです。

大切なのは「自分には何かが足りない」「もっともっと、今以上を目指したい」という貪欲さやハングリー精神です。

貪欲さやハングリー精神を持っているという意味では、むしろ子育て中の女性など時間的制約を抱えている人が複業市場で活躍している印象があります。

逆に、時間の自由度の高い若手のほうが時間の使い方への意識が低く、今の会社に安住している傾向が見られます。

私たちは複業を志望する子育て中の女性と面談する機会が多いのですが、複業に対する意欲の高さに毎回驚かされます。自分の強みやスキルをしっかりと自問自答し、「複業クラウド」などのプラットフォーム上で積極的に発信している方もたくさんいます。

さらには20代や30代だけでなく、50代、60代になっても複業の意欲を持っている方もたくさんいます。まずは「自分のスキルでもできることがある」と考え、勇気を持って一言を発信することから始めるのも一つの方法です。

全ては、自分の気持ちにスイッチを入れることから始まります。

第 3 章

Chapter 3

複業をスタートする
──事前に「勝ち筋」を見つけて成功につなげる

複業をスタートする〈ステップ❶〉

プラットフォームで情報収集→登録が基本

基盤となるのは情報収集

複業は現状とは異なる「新しい仕事」をスタートする試みですから、実践していくには相応の馬力が必要となります。

その馬力を有効に活用するためには、事前に「勝ち筋」を見つけておくことが肝心です。勝ち筋がない状態で闇雲に取り組んでも途中で挫折する可能性が高いからです。

自分がどのようにチャレンジすればよいか、どうすれば勝てるのかを知るためには、まず情報収集からスタートすることが鉄則です。

第2章ではポートフォリオとハッシュタグの作り方についてお伝えしました。

この二つができていれば、おおよそ自分の強みは把握できているはずです。あとは、現実に今ある複業の中で、どんな複業の仕事が自分に当てはまるのかを調べていけばいいのです。

複業の求人案件をチェックすると、自分ができそうな案件が見えてきます。

複業プラットフォームに登録する

具体的な情報の探し方としては、**WEB上の複業マッチングプラットフォームを参照する方法**があります。

代表的なプラットフォームには、クラウドワークス、ランサーズ、複業クラウドなどが挙げられます。あるいは営業職に特化したSaleshubのようなマッチングサービスもあります。それぞれ、次のステップで一覧としてご紹介します。

こうしたサイトにアクセスし、まずは複業市場でどんな案件が発生しているのかを確認してみましょう。自分から積極的に情報を取りにいく姿勢が大切です。サイト内で案件をチェックしているだけでも、おおよその業務内容は想像できますし、ある程度、自分に合う・合わないの感触が得られます。

ですから、**複業を志望する方は、スタート時点で複業のプラットフォームを訪れて情報を吟味することが重要です。**

様々な情報に接する中で「このプラットフォームなら自分に合う仕事が見つかりそう」というものがあれば、積極的に登録していきましょう。ポートフォリオとハッシュタグを作っておけば、どのプラットフォームの登録にも困ることはないはずです。

転職活動の場合は転職サイトに登録し、自分に合った求人を探した上で応募する方法が一般的です。その一方で複業の場合には、プラットフォームに登録することにより、企業に対して自分の側から様々なアクションを取って働きかけることが可能です。

例えば、「いいね」ボタンを押して企業からのスカウトを待つこともできますし、最近では、プラットフォーム上でメッセージを送る機能なども装備されてきています。

ですから、複業市場では転職活動のように「待ち」の姿勢でいる必要はなく、**常に「攻め」の姿勢で企業にアクセスする**ことが重要です。

どうか積極的に交渉を進めていってほしいと思います。

複業をスタートする〈ステップ❷〉

スキルの切り売りで経験を積む

案件を受注する段階でつまずく人が多い

ステップ1でプラットフォームへの登録を推奨しましたが、登録するだけで、すぐ案件を受注できると考えるのは早計です。

そもそも私たちが「複業職人」というプログラムを事業化したのは、案件を受注する段階でつまずく人がことのほか多いという事実に気づいたからです。プラットフォームへの登録から受注に至るまでには、乗り越えるべきハードルがあるのです。

そこで提案したいのは、スキルの切り売り、つまり、**現在の仕事内容のうち一つのスキ**

ルに特化して複業を試してみる方法です。

現在、ココナラ、ストアカなど、個人が経験やスキルをネット上で売買できる多種多様なスキルマーケットサイトがあり、多くの人たちが活用しています。

こういったスキルマーケット上では、例えば営業の分野なら「営業資料作成」といった特定のスキルを、1件当たり1000円とか2000円のレベルから販売することができます。最初は、こういった場で自分の市場価値や単価感を確認するのです。

依頼を受けて無事に成果物を納品し、そこで対価を得られたなら、あなたのスキルが認められた証拠です。この時点で、「営業資料作成」をハッシュタグ化してアピールできるようにもなります。

スキルの「見せ方」「説明の仕方」が受注率を左右する

私たちはプライベートで、くらしのマーケットというサイトを利用することがあります。くらしのマーケットは、ハウスクリーニングや家事代行など、暮らしに関わるサービスを依頼できるスキルマーケットサイトです。

あるときエアコンの清掃を依頼したのですが、お願いした職人さんの費用が1万5000円でした。他に掲載されている業者さんと比較すると、やや割高な印象です。

くらしのマーケット上では評価機能とメッセージ機能が付いており、評価では5段階中で4・9の評価。割高な料金にもかかわらす高評価であることが気になって理由を問い合わせたところ、以下のように返答がありました

「エアコンには様々な種類があり、掃除をするときに分解が必要なモデルと不要なモデルがあります。分解する・しないで単価が結構変わってきます。

分解をした場合、分解した部品を元通りに組み直す作業が必要となりますが、この作業ができるのは資格がある人だけです。今回は分解が必要なエアコンだったため、作業代が

1台1万5000円となっています」

一連の説明を聞いて十分に納得できましたし、その方がかなりの経験を経てきた職人さんであることも分かりました。

きっとこれまでに、同じような説明を何度も繰り返してきたのでしょう。サイト上の口コミで☆5つの評価が多数付いているのも頷けます。

お話を聞いたところ、その職人さんがくらしのマーケットに登録した直後は、1台1万円でも「高い」と言われて仕事を受注できない状況が続いたそうです。

そこで、**様々なサイトを研究し、自分のスキルの「見せ方」や「説明の仕方」を大きく変えたところ、受注率が高まった**とのことでした。

職人さんのお話を聞きながら、エアコンの掃除に限らず、**自分が持つスキルを顧客に理解してもらえるかどうかで大きく差が開く**という事実に改めて気づかされました。

その観点から改めてそのサイトを見てみると、人気の職人さんは皆、きちんと写真素材を揃え、文章でも自分の得意なことを的確に記述するなど、自分の見せ方を相当に研究していたのです。

人気が高い職人さんも、最初から自分の見せ方に長けていたわけではありません。皆、試行錯誤を繰り返しながら、見せ方や説明の仕方を磨いてきたわけです。

スキルの見せ方は、個人を顧客とするスキルマーケットサイトでも、法人を顧客とするマッチングプラットフォームでも基本的に同じです。

ですから、**スキルを切り売りするサイトで見せ方を向上させていくことは、複業の初心者にとって必要不可欠なステップ**なのです。

私たちも経験したスキルの切り売り

私たちも、スキルマーケットサイトでスキルを切り売りした経験があります。

高橋はストアカというサイトを利用して履歴書・職務経歴書の添削を販売しました。転職エージェントを経験したため、履歴書・職務経歴書の添削はお手の物です。スキルにも自信があります。

とはいえ、ただ単に「株式会社パソナの元転職エージェント」と記載したところで、大手企業の転職エージェント経験者は山ほどいるので引き合いは得られません。

そこで意識したのが、**とにかく口コミで高評価を得ている人を真似すること**です。高評価を得ている人の文章や実績の見せ方を真似て、表現をいろいろ改善しました。

また、**マメなレスポンス**も心掛けました。

例えば、職務経歴書を添削してほしい人が、実績が少ない人にピンポイントで声を掛けるケースは稀です。複数人に声を掛けた上で比較検討をするのが一般的です。そこで選ばれるには、いち早く手を挙げて他の候補者から抜きん出る、マメなレスポンスがカギとなります。

ですから問い合わせや「いいね」などの反応があったとき、即座に対応するように心掛けて受注につなげられるようになりました。

若色はタイムチケットというスキルマーケットサイトで、コーチングスキルを切り売りしていました。

大学時代には副サークル長をしており、また心理学を学んでいたこともあって、大学の友人、後輩、さらには所属していたサークルだけでなく、他サークルに所属していた方までが、若色に様々な悩みを相談しに来ていました。

そうしたアドバイスの経験を基に、問題解決のアドバイスやマインドチェンジのスキルを提供できるのではないかと考えたのです。

結果的に、そのサイトを通じて5人ほどからコーチングの受注（1時間3000〜4000円）に成功し、「コーチングは自分の強みなんだ」「単価を上げて法人向けにもコーチングを提供できる」と複業の実力を確信するきっかけとなりました。

このように、まずは個人でスキルの切り売りを試すことによって、複業に役立つ学びや経験が得られます。いきなり企業と仕事をするよりも心理的なハードルが低いので、自分のスキルに自信が持てない人におすすめの方法です。

複業マッチングプラットフォーム

サービス名	URL	特徴	手数料（複業人材側）	登録方法
複業クラウド	https://talent.aw-anotherworks.com/	全職種を網羅し、利用企業1500社を超える日本最大の複業マッチングプラットフォーム	無料	Facebook、Apple、Google、メールアドレスで登録が可能
クラウドワークス	https://crowdworks.jp/	国内最大手のクラウドソーシングサービス。約480万人登録している	10万円以下20%など報酬金額によって異なる	Facebook、Google、Yahoo! JAPAN、メールアドレスで登録が可能
ランサーズ	https://lancers.jp/	日本最大級のクラウドソーシングサービス。350以上の仕事カテゴリーを扱う	16.50%	Facebook、Apple、Google、Yahoo!JAPAN、メールアドレスで登録が可能
Saleshub（セールスハブ）	https://saleshub.jp/	企業と個人をつなぐ顧客紹介・営業支援マッチングサービス	無料（振込手数料あり）	Facebook、メールアドレスで登録が可能

スキルマーケット

サービス名	URL	特徴	手数料	登録方法
タイムチケット	https://timeticket.jp/	30分単位から個人の時間を売買可能。ジャンルは幅広い	報酬金額によって15～25%	Facebook、Apple、LINE、メールアドレスで登録が可能
ストアカ	https://street-academy.com/	レッスン型のスキルマーケット。オンラインレッスンを気軽に開催できる	ストアカ送客20～30%自己集客10%（初回）	Facebook、LINE、メールアドレスで登録が可能
ビザスク	https://visasq.co.jp/	1時間からスポットコンサルを行う、ビジネスに特化したサービス	30%	Facebook、LinkedIn、メールアドレスで登録が可能
ココナラ	https://coconala.com/	デザイン、イラストなど個人のスキルを売買できる国内最大級のスキルマーケット	22%	Facebook、Apple、Google、Yahoo!JAPAN、メールアドレスで登録が可能
SKIMA	https://skima.jp/	イラストやアイコン、キャラクターデザインなどクリエイターに特化	報酬金額によって11～22%	X、Google、LINE、メールアドレスで登録が可能

※2023年12月時点の情報です。記載内容は変更される場合がありますため、利用の際は各サイトをご確認ください。

複数のプラットフォームに登録する

Parallel Career

プラットフォームごとに登録された案件や企業が異なる

ここからは複業マッチングプラットフォームの活用法についてお伝えしていきます。

前述したように、現在は多様な複業マッチングプラットフォームが存在しています。その中から自分に合うものを選び、複数のプラットフォームに登録することをおすすめします。

複数登録が望ましい理由は、プラットフォームごとに登録されている案件や企業が異なるためです。

転職市場であれば、リクルートやdoda、パソナなどの転職エージェントで、それぞれが抱えている求人が重なっているケースが往々にしてあります。

また、エージェントに属するキャリアコンサルタントに相談もできるので、「リクルートのコンサルタントが自分に合っている」と判断すれば、リクルートに登録するだけで転職先を紹介してもらえて、順調に転職活動を進めていくことが可能です。


一方で、複業市場では、一つの企業が全てのプラットフォームに求人をかけるといった状況はほとんど見られません。

案件の重複は非常に限定的ですから、サイトごとに案件の種類と内容が異なる傾向にあります。

また、プラットフォームであるがゆえにエージェントのような特定の人物が介入してくることもありません。「このプラットフォームには、私にこの担当者がつくからぜひマッチングをお任せしたい」といった属人的な選択ができないということです。

ですから、やはり複数のプラットフォームに登録し、自分で様々な案件を見極めていく必要があるのです。

代表的なプラットフォームの特徴

それでは代表的なプラットフォームについて、それぞれの特徴を解説してみましょう。

クラウドワークス、ランサーズは、企業・求職者共に登録数の多さに最大の特徴があります。登録数が多い、つまり、案件数も多いということです。

業務内容的には、企業の新規事業のネーミングやロゴ作成など、短期的なものやスキルの切り売りに近い案件が多い印象があります。

経理業務でいうと、企業の経理全般を任せるというより、仕訳入力だけを依頼するといったイメージです。

ちなみに、スポット的な業務委託の仕事は複業市場において大きな需要が生まれていて、ビザスクのようにスポットコンサルティングを提供するマッチングプラットフォームも登場しています。

本書で何度か言及している複業クラウドは、複業人材の仕事探しに特化した完全無料マッチングプラットフォームです。自治体やスポーツチーム、教育機関などの案件も幅広く扱っているところに特徴があります。

また、UI［＊8］の質の高さにも定評があります。複業クラウドは企業へのヒアリングを基に頻繁にUIの改善を行っており、例えば個人のSNSからログインしてその情報をポートフォリオに転用できるなど、使いやすさを徹底的に追求しています。

最近ではChatGPTを活用し、複業採用求人の作成を最短1分間で可能にする機能を搭載するなど、法人／個人でも利用のしやすさがさらに高まっています。

操作のしやすさ、レスポンスのしやすさなどの点からも優位性があり、複業を始める上で登録しておいて損はありません。

登録は2〜3のプラットフォームがベスト

複数登録が望ましいとはいえ、私たちの時間は有限です。登録には手間暇がかかりますし、それぞれのプラットフォームに応じた見せ方の工夫も求められます。

ですから、**気になったものを次から次に登録するのではなく、自分の適性を把握した上で2〜3程度のプラットフォームに登録するのがベスト**です。

プラットフォームによっては、仮登録をするだけで、案件を検索する機能までは使える場合もあります。そこで自分に合いそうな案件があるかどうかをチェックし、良さそうなものから本登録に進むとよいでしょう。

［＊8］**UI**……ユーザー・インターフェース（User Interface）の略。ユーザーがアプリケーションやウェブサイトとやり取りするための画面上のデザインや操作方法。

複業をスタートする〈ステップ❹〉

マッチングプラットフォーム活用のポイント

Parallel Career

登録情報の見せ方・三つのポイント

プラットフォームに登録する際には自分の実績やスキルを記載することになります。ここでの情報の見せ方によって、仕事を獲得できるかどうかに大きな違いが出ます。私たちが日頃からプラットフォームを見ている中で、登録するときに気を配るべき見せ方のポイントは以下の三つに集約されます。

一つ目は、**写真を掲載すること**です。

プラットフォーム上では顔写真を掲載している人もいれば、風景写真やアイコンなどを掲載している人もいます。

企業の視点でいうと、顔が見えない人はスカウトしにくいという感覚があります。どうしても信頼感が低い印象があるのです。

プラットフォームは会員制のクローズドな場ですから、過度にプライバシーを気にせず、写真を掲載した上で案件を探しましょう。


二つ目は、**スキルや実績を端的にまとめること**です。

企業がプラットフォーム上で登録者をスカウトしようとするとき、情報閲覧にかける時間はごくわずかです。おそらく一人当たり30秒以下ではないでしょうか。

ですから、登録者には短時間で目に留めてもらうための工夫が求められます。スキルや実績はできるだけ具体的に提示することが大切です。

「東証プライム企業の新規事業開発」

「二人だけで三年間で三事業の立ち上げ」

など、実績を価値高く打ち出すことで注目されやすくなります。

そして三つ目は、**ポートフォリオを登録すること**です。

例えば、複業クラウドなどのプラットフォームでは、ポートフォリオをURL登録できるようになっています。ここにポートフォリオや実績集などを格納しておきます。オープンにして支障がない実績は、積極的に公開しましょう。

自分から積極的にアプローチする

プラットフォーム上で登録者と企業がマッチングするためのプロセスには、どのようなものがあるでしょうか。

大きく分けて**「企業からスカウトを受ける」「個人が募集案件にエントリーする」の２パターン**があります。

このうち、企業からピンポイントでのスカウトを待つのは非現実的です。膨大な数の登録者の母集団の中から、企業側が人材を探していくのは困難だからです。

例えば、企業が複業人材にＷＥＢマーケティングを任せたいと考えているとしましょう。

その場合、プラットフォーム上の検索画面で「ＷＥＢマーケティング」と入力し、経験年数などで絞り込みを行っていくことになります。

ただし、ある程度絞り込みを行っても、おそらく候補者は数百人以上、ものによっては数千人表示される可能性もあります。ですから、そこで一人ずつ登録者のプロフィールを確認していくことは至難の業です。


そう考えると、**企業からのスカウトをただ待っているのではなく、登録者が自ら募集案件にエントリーすることが受注の近道**といえます。

ただし、一つだけ注意点があります。応募者が殺到した場合は、企業担当者に見つけてもらう確率が下がっていくという問題です。


最近、私たちはクラウドワークスを通じて経理業務の案件を募集しました。時給は１５００円程度と、決して高いわけではありません。それでも募集期間中に１００件を超えるエントリーが殺到したのです。

さすがに全ての応募者を確認するための時間的な余裕はなく、私たちの会社の経理顧問に頼んでプロ目線で五人ほどピックアップしてもらい、面談を行いました。

おそらく、似たようなことがあらゆる企業で起きているはずです。後発とされる複業クラウドでも登録者は6万人います。もはやエントリーしただけでは、プロフィールすら確認もしてもらえない可能性が大です。

重要なことは、企業の目に留まるよう、積極的にアクションを起こすことです。「いいね」のリアクションをすることもそうですし、プラットフォームの中にはエントリー後に企業あてにメッセージを送ることができる場合があります。メッセージを送れば、企業は必ず確認をします。

このように、**企業側に自分を認知してもらうための努力は不可欠**です。くれぐれも、待ちの姿勢にならないように注意してください。

プラットフォームでの企業の見分け方

プラットフォームで案件を探す際には「自分に合う企業を見極める」という視点も重要です。

「企業を見極める」といっても、口で言うほど簡単ではありません。見極めには相応の経験も必要です。私たちの経験上でそのポイントを挙げるなら、企業側のレスポンスの早さや丁寧さは注目すべきところです。

企業側がどの程度のスピードでレスポンスをしているか、必要な情報をどれだけ開示してくれるか。これは企業の複業者の活用への意欲を示すバロメーターとなります。

複業人材を求める企業の過半数は、「あわよくば複業人材を使いこなしたい」と考えています。つまり、「複業人材を採用しないと業務が回らない」「会社の存続をかけて複業人材の活用に活路を見出す」というレベルまで切迫した状態ではありません。

そうした場合、複業案件に対する企業の本気度は、複業人材とのコミュニケーションに表れます。

私たちはこれまでに100社以上の企業と仕事をしていますが、企業によっては「お願いしたい内容は最初にお伝えした通りです」で終わって、その後のやり取りが続かないパターンがあります。

確認事項を問い合わせても、3〜4日返信が滞る企業も見られます。

コミュニケーションに消極的な企業は、複業に対する本気度が低いと考えられますから、こういった場合は要注意です。

複業エージェントに依頼する際の注意点

エージェントに依頼すると仲介料が発生する

マッチングプラットフォーム以外にも、複業先を見つける手段はいくつかあります。

その一つが業務委託案件を扱う人材紹介サービス（複業エージェント）です。

複業エージェントは、個人の依頼で案件探しを代行する役割を担います。

具体名を挙げると、「みらいワークス」や「サーキュレーション」などのサービスがあり、私たち若色・高橋も過去に複業エージェント業務を行っていた経験があります。

複業エージェントに登録する場合は、まず職務経歴書やポートフォリオを基にエージェントと面談を行います。面談を通じてエージェントは当人のスキルや強みを認識します。その後、エージェント側から案件を紹介してもらうという流れです。

複業したい人が行動を起こさなくても、待っているだけで案件を紹介してもらえますし、価格交渉もエージェントが間に入ってくれます。案件契約が始まった後もエージェント側から様々なフォローがある場合もあります。そこに複業エージェントを利用する大きなメリットがあります。

ただし、いくつか注意点もあります。

一つ目は、**仲介料が発生する**ということです。当然のことですが、複業エージェントが介入すればコストがかかります。

例えば、企業側から受け取る報酬が月20万円だった場合、その20万円がそのまま複業人材側に渡るわけではありません。およそ3～5割の金額が複業人材の報酬となるケースが多く見られます。

その点が、システム上で個人と企業が直接お金をやり取りするマッチングプラットフォームとの大きな違いです（プラットフォームによっては手数料が発生するものもあります）。

全く紹介されない可能性もある

二つ目の注意点は、**依頼者がスキルに秀でていないと、紹介されにくい場合もある**ということです。これは意外と知られていないポイントです。実際のところ、複業エージェントに登録をして案件を紹介されないケースは珍しくありません。

実をいうと、転職エージェントにも似た構造があります。著名な転職エージェントには数十万人が登録されていますが、そこを利用して実際に転職している人の割合は5〜10％程度に留まると伺ったこともあります（各エージェントによって差はあります）。

おそらく複業エージェントでも稼働率は数％ではないでしょうか。

この理由は、複業エージェント側の視点に立てばよく分かります。

エージェントは特定の案件に対して、最も活躍できそうな人材を紹介します。そうすると、スキルに秀でた人は圧倒的に稼働量が増える一方で、似たような経歴にもかかわらずスキルが低い人は紹介されないまま終わってしまいがちなのです。

最初から複業エージェントのみに頼って仕事を得ようとするのは難易度が高く、おすすめはできません。まずは別のルートで実績を積んで、それと同時進行でエージェントにも相談してみるのがいいでしょう。

自分の強みは自覚できない？

そして三つ目の注意点は、**エージェントに頼んでいるうちは、いつまで経っても自分の強みが見つからない**ということです。

例えば、人事評価制度の構築を強みだと自覚するAさんがいたとしましょう。Aさんとエージェント側が面談を行ったところ、エージェントは「Aさんは確かに評価制度を作るのも得意だけど、採用の経験も十分あるから採用業務も任せられる」と認識しました。

その後、企業から採用ができる人材を求められたとき、エージェントはAさんに「採用の仕事もできますか？」と確認した上で、Aさんに案件を紹介しました。企業とAさんが面談を行い、そこで話がまとまれば契約成立です。

このとき、Aさんは「人事評価制度の仕事を紹介されたから契約できた」としか自覚していません。

というのも、エージェント側からは「Aさんは採用の部分に強みがある」とフィードバックを行いませんし、契約が成立すればエージェントの仕事は完了だからです。

つまり、エージェントを利用したことで、Aさんは自分の強みに特化した案件を受注してはいますが、自分の強みは把握できていないままです。

この状態が続くと、Aさんが複業エージェント以外で案件を探そうとしたときに問題が生じます。Aさん自身は「人事評価制度」の案件にしかエントリーしないため、エージェント経由よりもオファーは少なく、仕事の幅が狭くなってしまうのです。

やはり、安易に複業エージェントに頼るのではなく、自ら案件を探して、強みを見いだす経験もしておく必要があります。

複業をスタートする〈ステップ❻〉

リファラルで企業とつながる

Parallel Career

紹介者は信頼できる人物か

リファラル、つまり友人や知人の紹介を通じて複業をスタートするのも有効な手段です。

リファラルのメリットは、自分の信用度が高い状態で商談に臨めることです。全く伝手がない場合と比較して、企業から信用してもらいやすく、契約成立の確率も高くなります。

自分への期待値が高くなるというプレッシャーはありますが、それを発奮材料に代えられれば、品質の向上にもつながります。

一方で、リファラルにはデメリットもあります。仕事で何らかのミスをしてしまったとき、紹介者にも迷惑がかかるという問題です。

紹介者が同じように複業をしていた場合、紹介を受けた自分の契約が解除されるだけでなく、紹介者の契約まで解除される可能性もあります。紹介を受けるには、それだけの責任があるのです。

また、**紹介者の問題意識によっては、仕事のミスマッチが起こり得るという点にも注意が必要**です。

紹介者自身が業務の内容を理解し、あなたに依頼する根拠を持って紹介してくれる場合は、たとえミスマッチが起きてもその影響は限定的なものです。

しかし、紹介者自身が業務内容を理解していない、あるいは「何となくできるだろう」「単純に紹介しやすい」といった問題意識で紹介してくる場合は、いざフタを開けたときに混乱が起きやすくなります。

自分の適性とは大きく違っている仕事だったり、とても苦労する仕事を振られたりするのもよくあることです。

つまり、紹介を受ける際には、紹介者が信頼できる人物かどうかを判断することが大きなポイントとなるのです。

報酬だけにこだわってはいけない

とはいえ、矛盾するようですが、近しい人からの紹介は最初から警戒して近づかないというのもまた違うのではないかと思います。

複業の初心者にとって、経験には何物にも代えられない価値があります。**たとえ時給に換算して１０００円の仕事であっても、そこで得た経験が将来につながるのであれば、積極的に受けるべき**です。

複業を始めるに際しては、誰もが自分の市場価値やレベル感を確認するステップを踏む必要がありますから、近しい人からの紹介でそのチャンスが得られると考えれば、むしろラッキーといえます。

私たちの経験に照らし合わせても、仕事を断る勇気など最初から持てるものではありません。断る勇気は、経験とスキルに比例して養われていくものだからです。

ですから、断らずに経験を積むという発想も、また大事なのです。

普段から人間関係のつながりを作る

紹介のチャンスを増やすという意味では、普段から人とのつながりを作っておくことも重要です。

複業をしている人とつながりができれば、複業について様々な情報を交換することができますし、さらには、つながりがあることで自分が対応できない領域を補えるようにもなります。

例えば、ホームページの制作について相談を受けたとき、自分はＷＥＢデザインができるけれど、プログラミングができないとしましょう。その場合、あなたにエンジニアの人脈があったなら心強いはずです。

人脈拡大用 ビジネスマッチングアプリ・SNS

サービス名	URL	特徴	登録方法
Yenta	https://page.yenta-app.com/	人工知能を活用したビジネスパーソン向け、日本最大級のマッチングアプリ	Facebook、Apple、LinkedInで登録が可能
LinkedIn（ビジネス特化SNS）	https://jp.linkedin.com/	世界最大級のビジネス特化型SNS。転職希望者に向けた情報も充実している	メールアドレス、Google、Appleで登録が可能
X（旧Twitter）	https://twitter.com/	気軽に情報発信ができ、興味のある分野でユーザー同士がつながりやすい	電話番号、メールアドレス、Google、Appleで登録が可能
Instagram	https://instagram.com/	写真や動画などをメインに投稿できるSNS。ハッシュタグを使って効果的に情報発信・収集が可能	電話番号、メールアドレス、Facebookで登録が可能

※2023年12月時点の情報です。記載内容は変更される場合がありますため、利用の際は各サイトをご確認ください。

あるいは、SNS運用として当初はInstagramの運用を受注し、後になって「X（旧Twitter）もやりたい」というオーダーが追加されるケースもあります。

このように展開が広がった場合の対策として、普段から様々な人脈を確保しておくことはとても重要です。

人脈はマッチングプラットフォームの活用や、紹介などを通じて得るパターンが多くなります。

その他にもYentaなど、ビジネスパーソン同士をつなげるマッチングアプリがありますから、それらを介して人とつながり、情報交換しておくとよいでしょう。

SNSの活用は必須

SNSで仕事のアポイントを取る

X（旧Twitter）やFacebookなど、SNSを経由して複業先を見つける方法もあります。

この場合、興味がある企業（SNS上で複業人材を募集している企業）にDMを送ってつながるケースもあれば、個人の発信を見た企業側からアプローチをもらえるケースもあります。


SNSは個人のブランディングに役立つだけでなく、ビジネスに必須のコミュニケーションツールとなりつつあります。複業においてもフル活用すべきです。

私たちもX（@ColorWiTh_info）を通じてお客様インタビューや、私たちの事業に関する情報、複業を含む幅広いビジネスに関する知見などを発信しています。運用2か月でフォロワーは2000人突破、このアカウントを通じてたびたびご相談をいただき、提案に至るケースも出てきています。

既にXやInstagram、TikTokを利用する人は多いですが、ベンチャー企業の界隈ではLinkedInを通じて頻繁にアポイントが取られています。今後、SNSでアポイントを取るという流れは確実に大企業や中小企業にも波及するはずです。

SNSでは日頃の活動やビジネスに関する知見やスタンスを発信していくことが大切です。備忘録のような意識で発信を積み上げておけば、後で必ずプラスになります。

連絡してくる企業の担当者は、過去の自分の発信を見てくれています。その内容に共感してもらった上でのオファーですから、認識の齟齬は少なくなるわけです。

もはやSNSは複業の手段の一つ

SNSのメリットは、個人の名刺代わりとして企業とつながることにとどまりません。

現在ではSNSの情報発信が当たり前に収益化できるようになっています。

例えばYouTubeで料理動画を投稿し、収益を得ている会社員はたくさんいます。

これは106ページで紹介したスキルの切り売りをSNS上で行っているということです。


直近では、Xが有料制サブスクリプションサービスを開始しています。

サービスに登録し、一定のインプレッション数を超えれば、広告収益の分配を受けられるという仕組みです。


SNS上で発信をするだけで収益を得られる。つまり、SNS自体が複業の手段の一つとなっているのです。複業の選択肢を広げたいなら、SNSは絶対に取り組むべきです。

SNS活用の注意点

とはいえ、SNSを活用して企業とコンタクトを取る場合には、企業を注意深く見極める必要があります。

基本的には個人間のやり取りになるので、そこには一定のリスクが生じます。現実には安価でスポット的に使える複業人材を探しているケースも散見されます。

また、ＳＮＳの活用には時間も必要となります。

若色はＸ（@wakairo_CW）を運用して３か月でフォロワーを０人から１５００人程度にまで伸ばしたのですが、それなりの手間暇がかかりました。

会社の公式と個人のＳＮＳで同時並行的に発信し、返信も小まめに行っているので、１日２～３時間程度の時間を要します。

ですから、ＳＮＳ活用を継続するには、楽しめるかどうかがそのカギとなります。例えばフォロワーの純増をゲーム感覚で楽しむことができたなら、きっと長続きするはずです。

企業の規模や性質などで取り組み方を変える

大企業とベンチャー企業の違い

この章の最後として、企業の規模や性質による複業のやり方の違いについて触れておきましょう。

例えば大企業とベンチャー企業から発注を受けたとすれば、それぞれに対して複業への取り組み方を変えていかなければなりません。本節では、それぞれの特徴を説明していきましょう。

複業先が大企業の場合は、組織がしっかりしているため、業務の内容が比較的明確です。また、適切な報酬が設定されやすく、決裁者の理解さえ得られれば、多少高額な予算でも認められやすい傾向があります。

その意味で、大企業から発注された仕事をする場合、安心して複業に取り組める環境が整っているといえます。

一方で、大企業では決裁が下りるスピードが遅い傾向があります。そしてまた、当初予定したスケジュールが、上司の鶴の一声によって変更を余儀なくされるケースもままあります。**大きな組織になるほど変革のスピードは遅く、改善業務に取り組むことの難易度は高くなる**というのが実情です。


それに対して、ベンチャーなど比較的規模の小さい企業では、経営者と複業人材の距離感が近く、業務改善の提案なども受け入れられやすくなります。

むしろ、改善しか求められないといっていいくらいです。経営者の合意さえ取れれば、自分の提案がどんどん形になる面白さがあります。

逆にいえば、複業人材への期待値が高いため、いつの間にか工数が膨らんでしまうといったケースも珍しくありません。結果的に、報酬に見合わない仕事をすることになるおそれもありますから注意が必要でしょう。

また、ベンチャー企業は結果を重視するという傾向もあります。**「稼働工数でどれだけ動いたか」よりも、端的に売上や実績がどれだけ上がったか**に注目しています。

ですから「〇人の顧客にアプローチをして、このような動向が分かりました。今後の営業戦略はこのようにすればよいと考えます」と分析だけしていても評価されません。まずは結果を出す、というスタンスで取り組む必要があるでしょう。

なお、**ベンチャー企業とのコミュニケーションは、チャットツールを介したスピード重視の連絡の取り方が一般的です。**「連絡はチャットでのやり取りで十分」「リアルで打ち合わせする必要はありますか？」という意識で仕事が進んでいきますから、相応のＩＴリテラシーは必要ですし、流行している横文字のビジネス用語なども把握して話が通じるようにしておきましょう。

地方企業ではコミュニケーションに工夫を

オンラインコミュニケーションの発達に伴い、現在では全国どの地域の企業とも仕事ができるようになりました。私たちもまた、地方企業からお問い合わせいただく機会が増えています。

地方企業と仕事をしていく中で感じるのは、オンラインコミュニケーションに不慣れなケースが多いことです。

もちろんZoomやTeamsなどのツールは使われていますし、スタート時には「オンラインのやり取りで大丈夫ですよ」と言ってくださる担当者がたくさんいらっしゃいます。ただ、実際にプロジェクトが始動してみると、以前にオンラインミーティングで確認した内容をしっかりと把握されていないケースがよくあるのです。

普段のビジネスがリアルの接触を中心に進んでいる企業の場合、オンラインでは「コミュニケーションを取っている」という実感が薄れてしまうのではないかと思います。

そうした企業とお付き合いする際には、不慣れな部分を適切にフォローしながら接していくことが重要です。私たちColor WiTh株式会社も、そんなときこそ腕の見せどころであると考え、日々オンラインコミュニケーションの意識を高めていただくように働きかけています。

詳しくは次章以降で述べますが、オンラインでコミュニケーションを取った後には議事録を提出するなど、次回の打ち合わせに向けて意識付けの工夫をしています。

また、オンラインのみに頼らず、リアルのコミュニケーション、つまり現地に行って実際に会うことも重要です。業務内容によりますが、**私たちは1社当たり、平均して『3か月に1度』くらいは現地に赴いて打ち合わせを行っています。**

地方企業と円滑に仕事を進めていくためには、リアルとオンラインのコミュニケーションの使い分けが重要なカギとなるのです。

ここまで、大企業、ベンチャー企業、地方企業とのお付き合いの仕方について説明してきました。

仕事の価値観は人それぞれですので、どの規模のどの企業がベストであるかはその人次第です。どうか自分に合った仕事を探してみてください。余裕があれば、様々な企業と関わってみることで貴重な経験が得られるでしょう。

第 4 章

Chapter 4

複業案件を獲得する
――「ファーストインプレッション」と「提案力」で決まる

初回面談で全てが決まる

いきなり得意分野をアピールしない

この章では、実際に企業とコンタクトを取った後の進め方について考えていきます。

複業の一般的な流れとしては、企業からオファーを受けた後で、その企業と面談の場を設けることになります。

面談では、まず双方の自己紹介を行います。

いきなりビジネスの話に入ると、お互いに身構えてしまいがちです。

特に地方の場合には和やかな空気を重視する企業も多く、いきなり仕事の話に入るのを敬遠する傾向があります。

まずはポートフォリオや実績集を見せて自己紹介を行い、先方の近況や業務内容について質問をしながら、お互いの理解を深めていきましょう。

私たちの場合でいうと、若色には北海道に住んでいた経験があり、高橋も秋田県出身であるため、出身地の話題で場を温めていくパターンが多くなっています。

自己紹介のポイントは、「自分のスキルや実績をひけらかさないこと」です。

契約をしてほしい気持ちが強いと、どうしても自分が持っている力をアピールしたくなってしまいます。すると往々にして、面談は自分の得意分野のセールスに終始します。「得意分野を売り込んで何が悪いの？」と思われるかもしれませんが、実は得意分野のセールスは悪手です。

確かに、自分の得意分野をアピールすれば契約につながる可能性はあります。

けれども、**最初に企業が提示したオーダーに対して、いきなり自分の得意分野をアピー**

ルしてしまうと、思うような成果につながらないことが多いのです。

それは一体なぜなのか、これから説明していきましょう。

企業の要望は曖昧なケースが多い

企業が複業人材を募集する段階では、当面の課題が定まっている一方で、その先にある要望が意識されていないことがしばしばあります。

課題と要望のそれぞれを定義すると、次のようになります。

- **課題……企業が自覚し、解決しようとしている問題**
- **要望……理想の状態（ありたい姿）を実現するため、無自覚に期待していること**

このように、企業が自覚している「課題」と、本当にやりたいことである「要望」は、多くの場合で異なっています。

例えば、ある企業が「営業スタッフの欠員補充」という課題に基づいて複業人材を募集したとします。

しかし、企業が本当に実現したい「理想の状態」とは、「自社の営業スタッフのスキルが磨かれて年間の売上が向上している状態」かもしれません。

もしそうならば、複業人材がアピールすべき得意分野は、単なる「営業スキル」ではなく「営業スタッフの教育」かもしれません。

ここで複業人材が得意分野として営業スキルをアピールし、その実力を発揮すれば、当座の評価にはつながるでしょう。しかし、それは企業の求める真の要望に沿ったものではないため、その後も複業のオーダーが継続されるとは限りません。

自社の要望が曖昧な状態で、企業は複業人材に「とにかく成果を出してほしい」と期待しています。

そうした状況で複業人材が得意分野をアピールすれば、「いろいろ得意そうだから任せてみようか」と、真の要望に添った形でないにもかかわらず契約締結に至ります。

そして、時間が経つにつれ、企業側は違和感を覚えはじめます。

「思っていたイメージと違う……」

そのミスマッチが修復不可能なレベルに拡大すれば、短期で契約解除に至る可能性もあります。これこそが「得意分野をアピールしても成果につながらない」の典型例です。

重要なのは、企業側が提示する課題をそのまま受け止めるのではなく、その根底にある要望を引き出して、その解決策を示すことなのです。

まずは相手の課題をヒアリングする

ですから、**初回面談では得意分野のアピールではなく、相手企業から課題を聞き出すことに時間を使うべきです**。なぜなら、課題を十分に聞き出すことによって、企業が無自覚に期待している要望の中身が段々と見えてくるからです。

業務内容が提示されていたとしても、「本当にそれが課題の全てなのか」という視点でヒアリングに注力しましょう。

課題を明らかにしていく中で、「2年後、3年後にどうしていきたいか」という将来的なビジョン、つまり要望までが明らかになれば理想的な展開です。

そうやって要望を明らかにできたら、次のような提案をします。

「私は営業の実務でも貢献できるのですが、御社のお話を伺うと、営業スタッフのスキルアップの面で貢献できるかと思います」

このように、**いきなり得意分野をアピールせず、自分の関わり方を「後出し」することで、自分の価値を正しく伝えられる**のです。

丁寧なヒアリングを基に相手の要望を推し量り、それに応じたスキルを「後出し」で提示する。そのプロセスを踏むことにより、自分の得意分野と相手の要望がミスマッチする確率はゼロに近づきます。

そうすれば、企業側ではなく自分が主導権を握りながら業務を進めていけますし、最初の契約から半年、1年といった長期契約を獲得できるようにもなります。

初回で契約を急いではいけない

初回の面談のゴールは「次回の提案」

そしてもう一つ忘れてはいけない重要なポイントがあります。**初回の面談では具体的な提案をしないこと**です。

まず、相手の要望を引き出します。

そして、その要望を満たす提案書を頭の中でイメージしつつ、

「今日お聞きした内容を基に、無料でスケジュールを含めた提案書を作成いたします。

こちらは御社が課題をクリアするために必要な工程を一目で理解できるようにしたものです。次の機会に30分程お時間を頂戴し、提案させていただいてもよろしいでしょうか？」

などとお伝えします。

そこで「ノー」と拒絶されるケースは考えにくいので、高確率で次の面談に進むことができます。

初回のゴールは、お互いに良好な関係を構築した上で、「次回の提案」を受け入れてもらうことです。提案書は、次回の提案にスムーズにつなげて、自分主導で仕事を回していくための武器になるのです。

くれぐれも受注を焦らないでください。

1回の面談で受注しても、うまくいかない可能性が大きいのです。

なぜなら、企業側が「とにかくお願い」と発注の主導権を握り、複業人材が「何でもやります」と従属する、そんな関係が固定化されてしまうからです。

最初の面談で、主従関係を『自分の側』で握っておきましょう。

「この人はきちんとした提案を持ってきてくれそうだ」と好印象を与えられるかどうかで、契約の成否の9割が決まるのです。

重要なことは、初回であえて受注を決めきらない、手の内を明かしきらないこと。初回面談では、次回提案への道筋をつけるという1点に全力を注いでください。

報酬単価も基本は後出しを徹底

手の内を明かしきらないという意味では、自分の側から相手に報酬単価を確認しないことも重視すべきポイントです。

アルバイトの経験がある人は、面接で時給を確認したことがあると思います。「レストランのホールスタッフとして働いてほしいんだけど」と言われて「時給はどのくらいですか？」と質問することは、ごく普通のやり取りです。

同じような感覚で、企業から「こういう業務をしてほしい」と言われたときに「予算はどのくらいでお考えですか？」と質問してしまう人は多いですが、これはＮＧです。予算を聞いた瞬間、相手に主導権が渡って、言い値で働く確率が一気に上がってしまうのです。

それは報酬の面だけでなく、成果の質にも関わってくる問題です。

例えば時給１５００円と伝えられたなら、複業人材は時給１５００円分の業務を提供するしかありません。

依頼された内容を時給の範囲内でこなしたつもりでも、相手が想定していた成果の質はそれよりも高いということがあり得ます。

つまり、相手の考える成果と自分の成果の間にミスマッチが生まれがちなのです。

費用の相場感を聞かれたときも、安易に金額を答えることは禁物です。

例えば、企業から「商品のＷＥＢマーケティングをやっていきたいと思っているんだけど、どのくらいの費用でできるの？」などと聞かれたとしましょう。

受注を焦ってしまうと「私は10万円でできます」などと口にしがちですが、この受け答えが命取りとなります。

相手の要望の難度や複雑さなどを確認せず、いきなり最初に金額を提示してしまうことはとても危険です。

「面談のときに10万円という単価をおっしゃっていたので、この単価でこの業務を依頼できるという認識でよいですか」と提案されて、その内容のレベルの高さに驚くことにもなりかねません。

最初に単価が設定されてしまうと、「決まった業務を決まった単価でこなす人」という役割が固定化され、そこから抜け出せなくなるのです。

まずは要望を明らかにする

繰り返しますが、面談ではヒアリングで相手の要望を明らかにすることが重要です。要望を明らかにして、それを実現する提案を行う。そこで初めて「このくらいの金額でできます」と予算を提示するのが理想的な順序です。

初回面談の順序と注意点

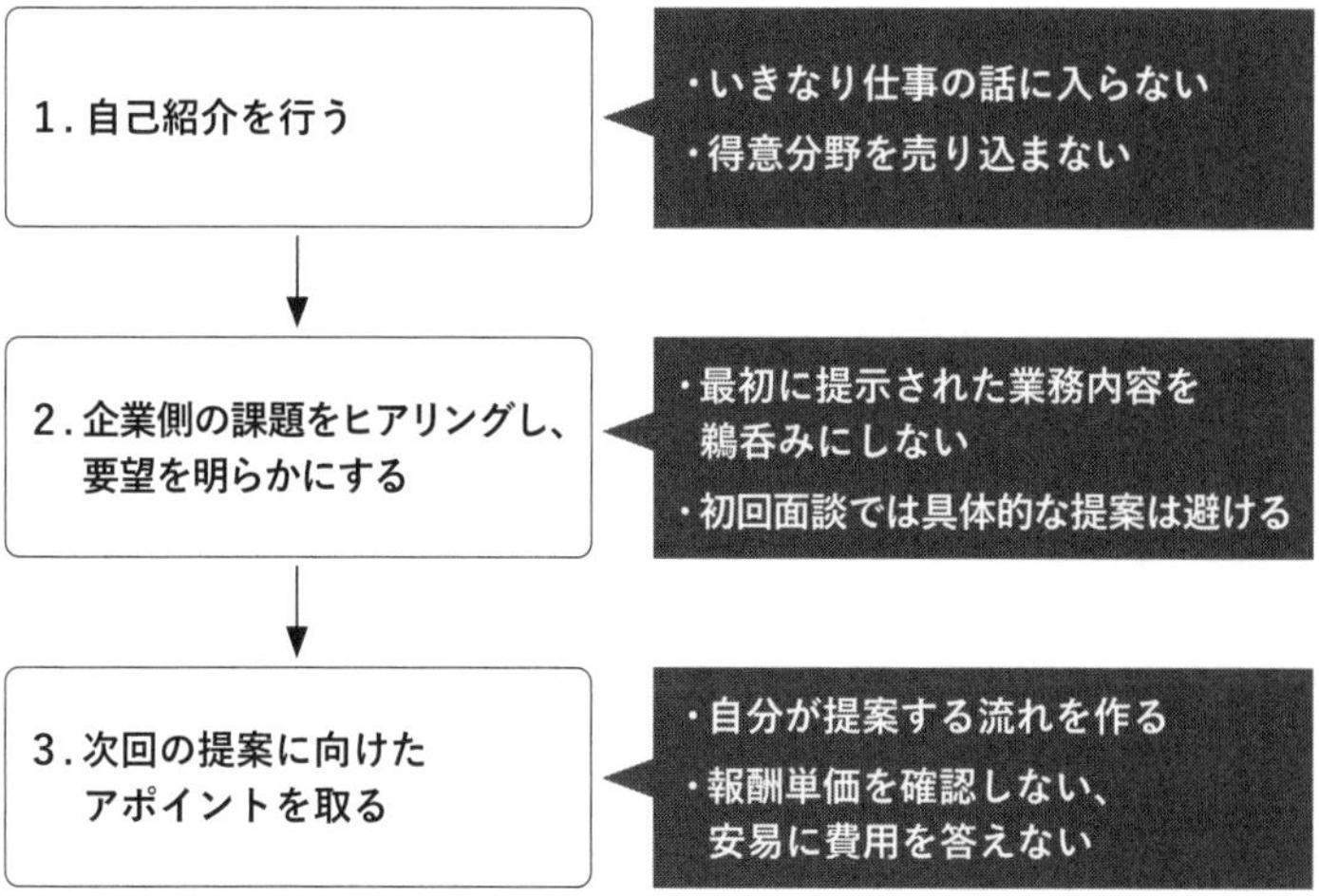
1. 自己紹介を行う
・いきなり仕事の話に入らない
・得意分野を売り込まない
2. 企業側の課題をヒアリングし、要望を明らかにする
・最初に提示された業務内容を鵜呑みにしない
・初回面談では具体的な提案は避ける
3. 次回の提案に向けたアポイントを取る
・自分が提案する流れを作る
・報酬単価を確認しない、安易に費用を答えない

私たちが複業に取り組むときも、初回面談で費用の提示はしませんし、相手の予算も聞かないようにしています。

相手の要望に対応した提案を行う中で、こちらから「この場合は、おおよそ毎月このくらいの予算で承ることが多いのですが、いかがでしょうか?」といった投げかけをして、そこからすり合わせを行っていきます。

すり合わせの過程で、相手の意見に合わせて「予算は月10万円以内に収めたいから、ここまでの業務をお願いすることはできますか?」「それでしたらお引き受けします」などと交渉していけばいいのです。

「WEBマーケティングの業務を10万円で依頼される」と「自分の提案を基に10万円の範囲でできる業務を受注する」の間には、天と地ほどの違いがあるということを、ご理解いただけたでしょうか。

こうした交渉のプロセスがあってこそ、相手にも自分にも良い結果が生まれるということを理解しておいてください。

複業案件を獲得する〈ステップ❸〉

初回面談で最大のポイント「ヒアリング」

課題を明確にし、取るべき方法の選択肢を考える

前述したように、ヒアリングは初回面談の最大のポイントです。ここからヒアリングの具体的な方法について見ていきましょう。

企業は面談をする時点で何らかの課題を抱えています。課題は明確であるとは限らず、ぼんやりしているケースが大半です。

まずは質問を繰り返しながら、相手の課題を鮮明にしていきます。

Parallel Career

ヒアリングの流れと注意点

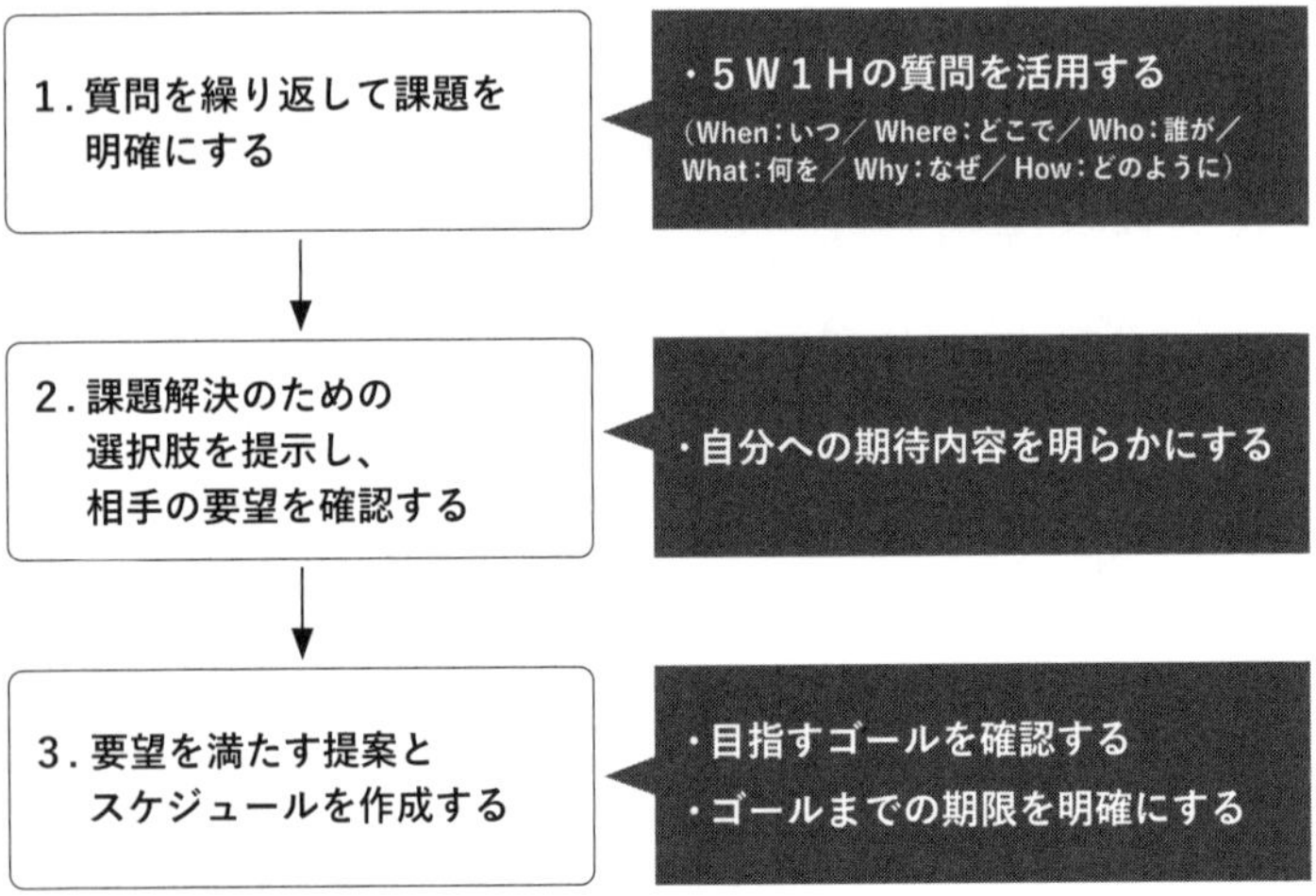
1.質問を繰り返して課題を明確にする
・5W1Hの質問を活用する
(When:いつ／Where:どこで／Who:誰が／What:何を／Why:なぜ／How:どのように)
2.課題解決のための選択肢を提示し、相手の要望を確認する
・自分への期待内容を明らかにする
3.要望を満たす提案とスケジュールを作成する
・目指すゴールを確認する
・ゴールまでの期限を明確にする

例えば、「営業で伸び悩んでいる」と言われた場合には、「なぜ営業が伸び悩んでいるのか」「いつから伸び悩んでいるのか」「どんな営業手法を取っているのか」など、5W1Hの質問を駆使しながら深掘りをしていきます。

質問で深掘りをすると、「人員が足りないから伸び悩んでいた」「スキルが不足していた」「知識が不足していた」などの課題が明確になります。

課題が明確になれば、「営業人材を採用する」「外部スタッフの力を借りて補う」「部内のスキルアップを図る」と、取るべき方法の選択肢が見えてきます。

そうやって課題と取るべき方法が見えてきた時点で、初めて企業側の要望を引き出すステップを迎えます。

「選択肢の中でどの解決策を希望するか」という観点で相手の要望を確認し、要望を満たす提案とスケジュールを作成していく流れにつなげるのです。

あらゆる角度から要望を引き出す

課題を明確化して要望を引き出すために、あらゆる角度から質問を行います。例えば、私たちは多くの場合、次のような質問からヒアリングに入っています。

「今回、面談の機会をいただいた背景は、どういったところにありますか？」
「今回、どのような理由で私たちに面談のお時間をいただけたのでしょうか？」

これは「自分への期待を明らかにする問い」なのですが、面談の場では意外と聞く人が少ない質問です。

また、「相手がしてほしいこと」を踏まえて、「それを実現した先に目指すゴール」をお聞きすることもあります。例えば「SNSのマーケティング支援をしてほしい」というお話があったときには、以下のように問いかけます。

「マーケティング支援を通じて、数字や内製化など、何を一番に求められますか？」

「短期的〜中長期的な目標／ゴールは何を目指されていますか？」

また、**「期限を明確にする質問」**もよく使います。

目指すゴールが「Instagramのフォロワーを1000人増やしたい」だった場合、3か月かけて1000人増やすか、1年かけて1000人増やすかで、取り組みの内容は異なります。

そこで、次のような質問で期限を明らかにします。

「いつまでに、フォロワー1000人を達成されたいですか？」

「どのくらいの期間で、フォロワー1000人を実現されたいですか？」

要望を引き出した後、次回の面談では提案を行うフェーズに入ります。そこでは「私が関わることで、○か月でこのような業務に取り組み、□□のような効果を出せます」というプランを提示しなければなりません。

充実した提案を行うため、しっかりと時間をかけて質問を重ねることが肝心です。

企業の要望をここで深掘りできるかどうかで、その後の展開が大きく変わります。

提案を構成する要素

提案で三つの要素を「見える化」する

初回面談で入念にヒアリングをしたら、2回目の面談で提案を行います。提案を構成する要素はいくつかあります。主なものは以下の三つで、それぞれの要素を「見える化」していきます。

一つ目は、**相手からヒアリングした情報を整理し、見える化**することです。これをしておくと、相手との目線のズレを防ぐことにつながります。

私たちはヒアリングした内容を「現状／要望」「課題」「施策（案）」に分けて、箇条書きで整理してお見せしています。

この資料を作成しただけで、感謝されることも少なくありません。

ヒアリング内容の言語化は必須の工程です。

二つ目として、**自分の関わり方を見える化**します。

具体的には、タスクの箇条書きを時間軸に沿って並べ、「何をいつまでにどういう期間で取り組むのか」をロードマップに落とし込みます。

ロードマップを見せれば、相手企業が未経験の分野であっても、「おおよそこのくらいの期間でこういうことをしてもらえる」と分かるので、非常に安心してもらえます。

そして三つ目は、**相手企業との関わり方を見える化**します。

複業は、業務が切り離される請負業務とは異なります。「依頼されたら、あとは数か月後に納品」という進め方ではなく、常にコミュニケーションを取りながら業務を進行していく方式が一般的です。

ですので、お互いの役割や誰が対応するのかといった、関わり方を図式化します。

提案で三つの要素を見える化する／実践例❶

ヒアリング情報の整理と見える化（例）

※WEBマーケティング系業務の場合

現状/要望

・プロモーション改善の第1段階としてすでにHPを改善し公開済み
・第2段階としてSEO対策、WEB広告運用を検討しているが、見識のある方が不在で、どのように取り組んでいくのか？が不明瞭

課題

・WEBで認知度を拡大する方法が分からない
・現状WEBでの貴社事業の露出量が少ない
・WEB発信の土台となるコンテンツ制作やSNS運用にノウハウがなく未着手

施策(案)

当方が貴社事業全体の事業戦略を理解した上で、
WEBでのプロモーション業務全般（戦略立案〜実行）を一貫して支援します。
1. 『現状分析』：市場/競合の分析、貴社のマーケティング全体施策の現状把握と考察
2. 『戦略構築』：事業/販売/広告など全体戦略の構築、具体的なWEBマーケティング業務の立案
3. 『実行支援』：WEB広告運用/SEO対策などの具体的な実務実行、及びマネジメント

提案で三つの要素を見える化する／実践例❷

ロードマップで自分の関わり方を見える化（例）

※WEBマーケティング系業務の場合

1月　2月　3月　4月　5月　6月

現状分析

● 市場/競合分析
● 現状把握(貴社の強みなどヒアリング)
● オンライン/オフライン含めた全体マーケティング分析 など

戦略構築

▲ 事業戦略・販売戦略・広告戦略などの全体構築
▲ WEBマーケティング業務の企画立案
▲ 具体的な業務フローの作成 など

実行支援

■ 競争優位性を明確化した支援方針の提案
■ 戦略に基づくWEBマーケティングの改善
■ WEB広告運用/SEO対策の具体的な実務実行

提案で三つの要素を見える化する／実践例❸

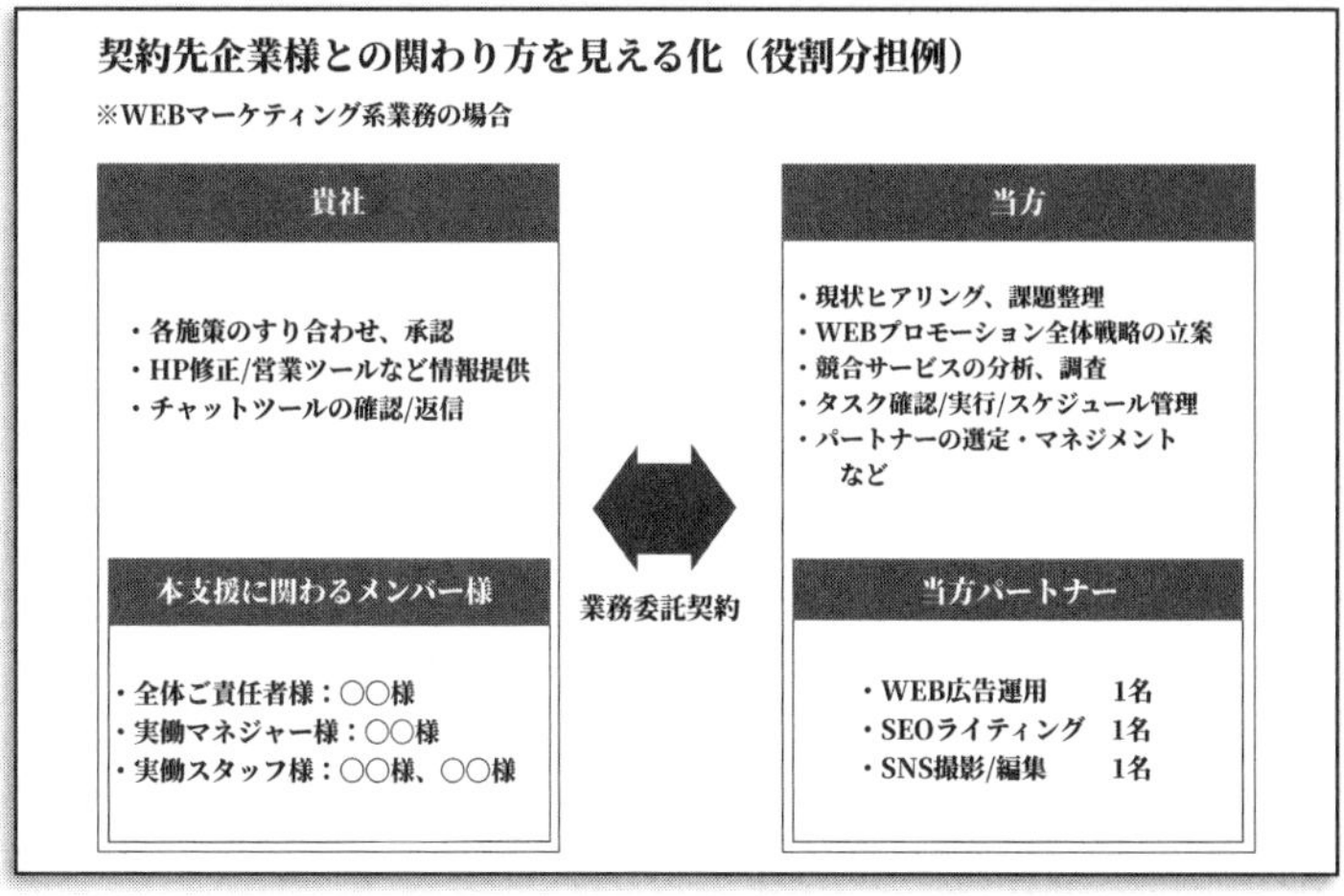
契約先企業様との関わり方を見える化（役割分担例）
※WEBマーケティング系業務の場合
貴社
・各施策のすり合わせ、承認
・HP修正/営業ツールなど情報提供
・チャットツールの確認/返信
本支援に関わるメンバー様
・全体ご責任者様：〇〇様
・実働マネジャー様：〇〇様
・実働スタッフ様：〇〇様、〇〇様
業務委託契約
当方
・現状ヒアリング、課題整理
・WEBプロモーション全体戦略の立案
・競合サービスの分析、調査
・タスク確認/実行/スケジュール管理
・パートナーの選定・マネジメント
など
当方パートナー
・WEB広告運用　1名
・SEOライティング　1名
・SNS撮影/編集　1名

プランはあくまでも提案時点のものであり、相手企業に「自分が何をするか」を理解してもらうことが最大の目的です。

実際にプロジェクトがスタートすると、修正を余儀なくされる可能性はあります。

だからといって、「最初の話と違うじゃないか」と指摘されることを恐れる必要はありません。むしろプランがあることで、

「当初のプランではこういうスケジュールでの進行を考えていましたが、こういった事態が起きているため、スケジュールが延びることになりますが、よろしいですか」

と、確認・同意を得られるようになります。

私たちも、**業務委託で関わる企業と毎月の定例打ち合わせを行う際には、必ず資料を基に進捗の確認をする**と心掛けています。

普段の仕事も見える化してみよう

ここまで提案資料の実例を見て、どのように思われたでしょうか。

「自分にもできるかな……」

「ちょっとハードルが高そう」

そんなふうに感じる方もいるかもしれません。

正直なところ、提案書の作成にはある程度の慣れも必要です。最初は多少の失敗も経験しつつ、精度を高めていかなければなりません。

もし、あなたが会社員の場合には、会社で働きながら提案力を高める方法があります。

会社の中で働くときには、暗黙のうちに共有している情報が多いため、あえて資料を作成して見える化せずとも仕事が回っているかもしれません。

そこをあえて、**仕事のフェーズごとに見える化して提案していく**のです。

どんな仕事でも複数の人が関わり、決められたスケジュールを基に進めていくという構造は同じです。

例えば、営業であれば承認提案書に販売スケジュールや販売エリアを記載してスタッフで共有する、デザイナーであればデザイン確認工程を資料に落とし込んで共有する、エンジニアであれば開発途中報告を資料で見える化する、などが考えられます。

普段の仕事を進める際、同僚や上司と上手に関わることを意識して行動していれば、職場での信頼も勝ち取ることができるでしょう。


複業では、自分とは異なる業務の背景を持つ企業の人たちとやり取りをしながら仕事を進めていくため、前提条件の見える化はとても重要な作業です。

そのためにも、まずは皆さんの仕事を理解している気心が知れた人たちを相手に、業務上の関わり方や業務内容を見える化してみるなど、提案力を高めておいて損はありません。

複業案件を獲得する〈ステップ❺〉

企業との関わり方は一つではない

大半の企業は実務支援を求めている

前節で、相手企業との関わり方を見える化すると述べましたが、私たちはその関わり方を複数のパターンに分けて提案しています。

私たちの定義では、企業との関わり方は以下の三つに集約されます。

①プロジェクトマネジメント
②ディレクション
③実務支援

プロジェクトマネジメントとは、プロジェクトを成功させるために全体を管理することです。私たちの場合でいうと、「プロジェクトの業務全体の企画立案」「ロードマップに応じた進捗の確認」「チーム全体のマネジメント」「社員の育成」といった役割を担います。大手企業ではプロジェクトチームの人員は揃っているので、実務よりもプロジェクトのマネジメント面での関わりのほうを期待するケースがあります。

特に地方企業からは「大枠は理解できたけれど、それをどう自社で進めていけばよいか分かりません。当社の社員を巻き込んで内製化してもらえませんか？」とご相談いただくことがよくあります。

そして、**ディレクションとは、指導や進行管理をすること**です。

例えば、WEB制作会社がホームページ制作を行うときなら、営業担当者が窓口となってクライアントとの打ち合わせを行い、制作の実務はエンジニアが担うことがよくあります。このときの営業担当者の役割がディレクションに相当します。

私たちの会社がディレクションを担当する際には、専門性の高い職人が実務の先頭に立ち、私たちが「毎月の進捗確認」「コミュニケーション／成果の見える化」などを行います。

そして、**大半の企業が求めているのは実務支援です。**

一般的に、「複業＝実務の提供」というイメージが強いかもしれません。

しかし、実際に面談で企業の要望をヒアリングしていくと、必ずしも実務の提供が最適解ではないというケースに直面します。

そのため、私たちは次のように提案することもあります。

「私たちが実務を行わなくとも、御社の社内の人材を巻き込むことで対応は可能です」

「私たちより専門性が高い職人がいるので、チームを組んで対応させていただくほうがよいかと思います」

現実問題として、私たちがフルに実務に携わると報酬単価は上がってしまいます。

たいていの企業は、極力コストを抑えて最大の成果を出したいと考えているわけですから、私たちはそれを実現するため、様々な角度から提案を行っているのです。

複数のパターンから選んでもらう

こうした複業の関わり方は、私たちのように会社単位の請負だから発生するものとは限りません。個人で複業をする際であっても、プロジェクトマネジメントやディレクション的な関わり方が発生することはあります。

例えば「実務をしながら、ウチの社員にもやり方を教えてくれないでしょうか」といった依頼を受ける可能性があります。

これは実務とディレクションの掛け合わせ的な動き方です。

このように複業先の企業で仕事を教える場合、私たちは各メンバーに特定の作業を等しく教えるのでなく、チーム全体での役割分担を配分して教えていくこともあります。その場合は、結果的にプロジェクトマネジメントも行っている状態ともいえます。

ですから、**私たちが業務委託に関わるときは、企業との関わり方を2～3パターン用意**

して提案し、その中から企業に選んでいただくようにしています。

その結果、最終的に「複業人材の力は借りずに企業だけでやってみる」という判断に至るケースもあります。私たちが提案したケースでも、

「社長である私自身が営業をやっているし、企画も自分で考えているので、自分が手を動かして進めることは苦ではありません。ご提案のスケジュールを基に、一度自社で試してみようと思います」

とのお話で、実際の契約に至らないこともありました。

ただ、それはそれでかまわないと考えています。提案した内容が自社で完結できると判断したなら、それが相手企業にとってベストな答えです。

こういったときは、

「ぜひ、やってみてください。もし、何か力が足りないと感じたり、問題が発生したりしたときには、いつでもご相談してください」

と伝えて、いったんその場を後にします。そして、その企業が実際に試してみて、やはりうまくいかないために連絡がくるケースも多々あります。

あらゆる場面で貪欲に仕事を取ればいいわけでなく、相手の状態をよく見て動くことが良い結果を生むのです。

企業の要望とのミスマッチに注意

提案内容に折り合いがつかなかったり、自分が得意とする分野からあまりにもかけ離れていたりする場合も、無理に契約する必要はありません。

そんなときは、

「ＳＮＳの運用でしたら専門とする会社がたくさんあると思うのですが、そういった企業と比べていただいた上で私たちとのお仕事を検討される、という認識で合っていますでしょうか？」

などと確認をすることが大事です。

実際、私たちはＳＮＳの運用を専業としているわけではないので、そういった会社と同じレベルの役割を期待されても真価を発揮することはできません。自分たちが関わる前提や意味を掛け違えてはお互いのためにならないので、慎重な確認を心掛けています。

企業の要望を確認した上で、私たちができることとのミスマッチが大きいと判断したときには、私たちではなく他の会社を紹介することもあります。

企業との関わり方は重要なポイントなので、ベストな関わり方を模索していきましょう。

複業案件を獲得する〈ステップ❻〉

単価の設定の基本的な考え方

Parallel Career

単価の設定は自分で決めればOK

複業における代表的な悩みの一つに「どうやって単価を設定すればいいのか？」という悩みがあります。

私たちが複業をテーマにウェビナーを行った際も「自分の時給が分からない」という悩みがたくさん寄せられました。報酬は重要なポイントだからこそ悩みも深くなります。

結論からいえば、単価は自分で決めればそれでOKです。

自分で金額を決めて、実際に見積もりを提示し、その単価で仕事が取れない状態が続くなら、それは高いのだろうと推測できます。

そうして単価を下げた後で受注できたとすれば、その単価がおおよそ「現状」の適正価格であると考えられます。

単価は自分の成長に応じて上げていくこともできるので、単価の設定はクライアントとのやり取りを繰り返しつつ、精査していくのが基本的なやり方です。

あなたが会社員であれば、本業である会社の給料と複業の報酬を別のものとして考えず、作業内容を基準にして単価を割り出す方法もあります。

企業から得ている給与を自分の労働時間で割って、時間当たりの単価を算出し、複業と比較することで単価設定の基準を作ることができるというわけです。

「複業は会社の仕事と違う」という意識だから単価の設定に迷うのです。複数の仕事をしているだけと考えれば、シンプルに同じ単価を設定できるはずです。

とはいえ、「自分で決めると言われても困る」「一般的な相場感を知りたい」と考える人も多いでしょう。

資料の一例として、複業クラウドが紹介している職種別の単価表があります。単価表には、複業市場における職種別の単価が一通り示されており、目安を知る一つの材料となります。単価の設定に迷う人は複業クラウドにエントリーして、単価表を参考に値付けしてみることをおすすめします。

単価を決定づけるハッシュタグ

「複業クラウド」での方法をもう少し詳しくご説明すると、**単価は自分のハッシュタグを何個使うかによって決まります。**

営業を例に挙げれば、テレアポ営業はおおよそ単価の相場が決まっているのに対し、人脈を基に営業する場合は紹介先の役職でも金額が大きく変わりますし、経営者を紹介する場合単価は1件数万円になることもあります。

つまり、**一つひとつのハッシュタグには単価の相場があり、どのタグをいくつ使うかの掛け合わせでトータルの報酬が導き出される**ことになります。

例えば、採用の面接だけする仕事と、採用人材をスカウトする仕事では単価が変わってきます。当然ですが、後者のほうが単価は高くなります。

その仕事を「#人事業務」というくくりで丸めて時給1500円で受注した場合などは、工数に対する報酬が見合わなくなります。

ですから、単価を設定するときには「ハッシュタグをいくつ使うか」という視点も意識してみてください。人事の仕事であれば、想定される仕事を「#採用募集」「#採用面接」などと細分化し、トータルで報酬を決めればよいのです。

また、経歴も単価に影響を与える要素です。例えば、営業職では「#経験3年未満」と「#経験3〜6年」では持っている人脈や経験した仕事量が大きく変わるので、時給500円程度の単価の差が生じることが多くなります。

実績を積むことが単価アップの近道

当初に設定した単価を上げるには、実績が必要となります。単価アップは、少なくとも複数社の複業実績を上げてから考えるべきでしょう。

企業が応募者の実績を見るときは、「自社に合った経験を積んでいるか」についてチェックをします。

例えば、お菓子のメーカーでSNS運用をしていた人が、自動車や不動産を扱う企業でのSNS運用をアピールした場合などは、企業からは「本当にできるのか」という目で見られる可能性が高くなります。

扱う商品の単価はもちろん、販促の考え方が全く異なるからです。

逆にいうと、その人が自動車や不動産の企業で実績を上げればハッシュタグの希少性が上がるため、単価を上げられるようになる場合もあります。

ハッシュタグの価値を上げるのは経歴と実績です。経歴は変えようがありませんから、しっかりと実績を積むことが肝心です。

なお、単価が上がれば上がるほど、自分にかかる責任は重くなります。そして、責任に見合ったパフォーマンスを発揮しなければ契約は継続されにくくなります。

その点はくれぐれも忘れないようにしてください。

契約書の要点を押さえる

契約書を確認する際の三つのポイント

提案が受け入れられて仕事を受注できた際には、企業との間で契約書を締結します。個人が企業と業務委託で仕事をする際には、企業側から契約書を提示されるケースが一般的ですが、私たちの場合、契約書は自分たちから送るようにしています。

これまでのキャリアで契約書のやり取りをした経験があればよいのですが、そうでない人は契約書の扱いに戸惑うことでしょう。

契約書を確認する際の三つのポイントを紹介します。

まず、**業務内容がきちんと明文化されているかどうか。**

自分の責任範囲を明確化し、無理な業務を負うリスクを避けるためにも、業務内容をしっかりと確認します。

あわせて仕事の報告方法もチェックしておきましょう。

次に、**報酬や契約期間**も重要です。

報酬は、出張費や交通費などが含まれているのか、別に支給されるのかなど、細かい待遇面も確認しておきたいところです。

契約期間に関しては、更新期限をチェックしておきます。

例えば「1か月前に告知をすれば企業側が解約できる」と記載されるケースや「お互いに途中解約できる」「自動更新」となっているケースなどがあります。

また、昨今多いのが「1か月ごとの契約」になっているパターンです。これでは今月契約をしても来月には契約を解除されるリスクがあります。

リスクを回避するために、「3か月、6か月の契約期間で問題ないでしょうか」など、こちらから確認しておく必要があります。

また、**万が一の問題が発生した場合の損害賠償**も見逃せないポイントです。

損害賠償が無制限に設定されていた場合、万が一のときの損害賠償が多大なものとなり、個人では負い切れない恐れもあります。

仮に自分の責任外で起きた問題であっても、自分に責任が及ぶような契約内容となっていた場合、個人と企業が争って個人が勝つ見込みは限りなくゼロに近いといえます。

自分の身を守るためにも、契約時点できちんとリスクを回避しておくことが肝心です。

自分自身で契約書を用意しておく

企業側から提示された契約書は、業務委託書に近いフォーマットの状態とは限りません。中には、雇用契約書を上書きしたようなものが提示される場合もあります。

雇用契約書とは、転職したときの採用通知書に近いイメージの契約書です。入社日や報酬、採用部署などが簡潔に記されているだけで詳細な記述はありません。業務内容も「SNS関連業務」などとざっくり記載されがちなので、注意が必要です。

また、そもそも企業にとって複業人材の活用が初めてであり、契約書が提示されないといった可能性もあり得ます。

そういった事態に備えて、**契約書の雛形を自前で準備しておく**ことをおすすめします。業務委託契約書の雛型は、各種WEBサイトにアクセスして無料で手に入れることができます。ただし、身元の不確かなビジネス系サイトのものは注意が必要です。電子契約サービスの会社など、専門性が明確なサイトから入手すれば安心でしょう。

私たちが提供するサービス「複業職人」を受講した方に『業務委託契約書の雛型』をプレゼントしているのですが、こちらは非常に好評です。

「個人の立場で企業に契約書の取り交わしを迫るのは気が引ける」などと思わないでください。**何の後ろ盾もない個人だからこそ、自分を守るための契約書が必要なのです。**

契約書があれば、曖昧になっている条件がきちんと見える化されて、確認を取ることができるのです。

契約書以外でも、例えば見積書の備考欄に業務内容や契約期間など、気になるポイントや諸条件を文字化して記載しておくことをおすすめします。

無理な仕事は追わない

面談のチャンスが2回以上もらえない場合、依頼の可能性は低い

すでに述べたように本書では初回面談ではなく、2回目以降の面談での受注を提言しています。そこには、リスク回避の意味合いが含まれています。

「この業務を依頼するかどうか」について、企業が2回以上の面談のチャンスを与えてくれない場合、その企業にとって業務委託の優先度、つまり複業が依頼される可能性は低いと考えられます。

そのように**企業側の姿勢が極端に消極的な場合は、無理にアピールを続けず、受注を回避するという選択肢も視野に入れる必要があります。**

それとは逆に、たとえ15分でも30分でも、2回、3回と面談のチャンスを設けてくれる企業であれば、複業への投資意欲があるといえます。こういった場合は、引き続き関係を結んでもよいと判断できるでしょう。

資料を活用してリスクを回避する

相手企業のスタンスがブレていると、せっかく契約をしても1週間後には全く違う話をされたり、契約の範囲を超えた業務を依頼されたりする恐れがあります。

あるいは、提示した見積もりに対して、後からどうにかして抑えようとされるリスクもあります。そんなときに、先方の要求に応じて単価を下げていくと、業務と報酬が見合わなくなります。

このように、**一方的に前提をひっくり返そうとする企業との関わりには注意が必要です。**

やり取りを重ねる中で「振り回されている」と感じたときにも、無理に受注を追わないことが肝心です。

私たちも過去に何度か、初回の面談で話した内容と2回目で話した内容が正反対になるようなケースを経験しています。

企業の中には、初回面談でやり取りした内容を全く理解しておらず、次の面談時に全く別の話を持ち出すタイプの人もいます。そのため、企業側のスタンスが明確になるまで複数回の面談を重ねて内容をチェックするようにしています。

本章の〈ステップ❹〉で、提案時に初回面談でヒアリングした内容を「現状／要望」「課題」「施策（案）」に分けて、箇条書きで整理して見せる、とお伝えしました。

これは先方の納得感を高めるだけでなく、自分自身をリスクから守るための方法でもあります。情報を見える化することで、考え方や業務の進め方について、齟齬がないかどうかをチェックできるようになるのです。

打ち合わせ内容を見える化し、確認してから次のステップに進んでいく。

これを徹底すれば、企業に振り回されるリスクを抑えられるはずです。

複業はクリーンな条件下で取り組む

とにかく最も良くないのは、何となく仕事を進めてしまうことです。

「相手が言っていることはコロコロ変わるし、何を言っているのか分からないけど、何だかんだ業務は回っているし、お金も入ってくるから、とりあえず進めよう」

こういった発想で複業をしている人は、確実に一定数存在します。

しかし、こういった状況が放置されると、どこかの時点で決定的な亀裂が生じて、契約解除の憂き目に遭うかもしれません。

自分が契約解除されるだけでなく、「複業人材では業務を進めていくことが困難」などというレッテルを貼られる可能性もあります。

その結果、複業のイメージが向上しない→不本意な条件で働かざるを得ない→新たに複業を始めにくい、という負のスパイラルに陥りかねないのです。

複業は必ずクリーンな条件の下で取り組む。
それは自分自身のためでもあり、複業市場全体を健全に保つことにもつながります。
ぜひ意識していただけると嬉しいです。

複業案件を獲得する〈ステップ❾〉

複業がうまくいかない人が改善すべきポイント

「複業力」を構成する三つの要素

この章では、複業の仕事を受注するまでのプロセスについて、様々な角度から語ってきました。

ここまでお話ししてきた内容を参考にすれば、確実に複業の仕事を受注しやすくなり、単価の向上もできるはずです。もしそれでもうまくいかない場合は、どこかの工程に問題が生じている疑いがあります。

章のまとめとして、複業がうまくいかない人に共通する問題点を挙げながら、改善すべ

Parallel Career

きポイントをお伝えしていきましょう。

複業の案件獲得率と単価を上げるには、雇用されて社員として働く通常のビジネスシーンでは学べない、独特なテクニックが必要だと考えており、それを私たちは「複業力」と呼んでいます。

複業力を構成する要素は、以下の三つに集約できます。

①複業先の課題ではなく「要望を引き出す力」
②複業先に対して適切に「自分自身を魅せる力」
③複業先を自らリードする「コミュニケーション力」

複業が長続きしない人の大半は、相手の要望を引き出そうとしていません。「SNSを運用してほしい」など、相手から提示された課題だけを聞いて応えようとしがちです。

相手の真の要望を明らかにしていないので、満足のいく成果を出せず、短期の契約で終わってしまうパターンに陥ります。

まずは複業先の要望を引き出すことを意識してください。

待ちの姿勢では、いつまでも選ばれない

自分の見せ方の工夫も必要です。魅せる力に欠けている人は、往々にしてスキルのハッシュタグ化ができていなかったり、ポートフォリオを作成していなかったりします。

転職活動のように履歴書や職務経歴書だけで勝負しようとしても、複業先の企業に注目してもらうのは困難です。自分をより良く魅せるための準備がカギとなります。

そして最後に重要なのが積極的なコミュニケーションです。複業において、最大の障壁となるのは受け身の姿勢です。

企業の視線で考えると、複業人材の候補はたくさんいて、全員のスキルや実績を細かくチェックすることなどは不可能です。プラットフォームを通じてエントリーしたからといって、企業に見てもらえるとは限らないのです。

つまり、「プラットフォームからエントリーしたけど、直接のメッセージは送っていな

い」といった〝待ち〟の姿勢では、いつまでも選ばれないままです。

重要なのは、常に自分からアクションを起こすことです。プラットフォームでエントリーしたら自分からメッセージを送る、面談の機会を自分から求めるなど、積極的なコミュニケーションを図れば、チャンスをつかみやすくなります。

私たちが複業人材とお会いする中でも、優秀な人は本節の冒頭に掲げた三つの力を発揮している印象があります。このような優秀な人材を「複業職人」と定義しています。

複業獲得がうまくいかずに悩んでいる場合は、三つのポイントから見直してみるとよいでしょう。

第 5 章

Chapter 5

複業案件の継続のために
——継続できる人・できない人はここが違う

継続の成否を決めるポイント

リピーターを増やすことが成功のカギ

複業は一度受注すれば終わりではありません。受注後の大きなテーマとなるのが、「いかに仕事を継続していくか」です。

営業の分野で最も難しいのは新規営業です。新規営業にかかる労力は既存営業の比ではありませんし、受注のためには単価を下げねばならないリスクも伴います。

複業でも、新規の顧客を獲得し続けるのは非常に困難です。良好な関係を構築し、継続的にお付き合いできる企業を作ることが理想です。

単発的な業務に取り組んだ場合でも、企業に新たな業務が発生したときに「またあの人に依頼してみよう」と第一想起されるような関係を作っておくことが大切です。

つまり、リピーターを増やすことが複業で成功するためのカギとなるのです。

全ては「初動」で決まる

複業市場においては、長く同じ企業と継続して取引できる人と、短期の契約で終わってしまう人がいます。一体、この差はどこから生じているのでしょうか。

結論からいうと、複業を継続できるかどうかは「初動」で決まります。

業務委託がスタートしてから最初の1～2か月で、企業が期待しているレベルあるいはそれ以上の動きを見せることができれば、ほぼ100％案件を継続できます。

逆にいうと、企業側が期待しているレベルに達しなければ、継続は絶望的ということになります。

複業人材を活用しようと考えた時点で、企業の大半はその案件を長期的な依頼として考えていません。3か月~半年、企業によっては1か月といった短期間で働きぶりを見つつ、その結果次第で判断するというスタンスで臨んでいます。

要は「お試し期間」を設けているということで、お試し期間で結果を残せなければ、契約が打ち切られる厳しい世界なのです。

スタートから1~2か月で「やっぱりすごいですね!」「ここまでやっていただけるんですね!」といった好意的な反応が得られていない場合には、自分が厳しい立場に立たされていることを認識しておきましょう。

企業が自分を見る目は、時間が経てば経つほど厳しくなり、スタート時に定着したその評価を覆すことは困難になります。

ですから、**最初の1~2か月は、とにかく細心の注意を払って最大限のパフォーマンスを発揮してください。**

複業案件の継続のために〈ステップ❷〉

オンラインツールを最大活用する

録画と議事録を共有し、日程とタスクを確認する

Parallel Career

本節では、企業とのコミュニケーションの取り方について考えていきましょう。

現在は、ZoomやGoogle Meet、Teamsなど多様なオンラインコミュニケーションツールが普及しています。こういったツールを活用しつつ、企業と定期的なミーティングを開催することが大切です。

ミーティングは必ず録画をしておきましょう。

「今日は何を話したか」を議事録にまとめて先方に送り、それと共にZoomなどの録画デ

日程調整ツール一覧

サービス名	URL	特徴	無料プラン
Spir	https://spirinc.com/	定期的な予定登録、投票形式登録などができるだけでなく、細かな設定に対応しており幅広い場面で活用できる	個人向けプランのみ無料。空き時間URLを3つまで公開できる
eeasy（イージー）	https://eeasy.jp/	多数の特許を取得しており、圧倒的な高機能性が魅力。ほぼ全ての要件に対応可能。簡単に使いこなせる	個人向けプランの場合、基本的な機能は無料
TimeRex	https://timerex.net/	GoogleカレンダーやOutlook予定表と連携して、日程候補選びや予定登録などのタスクを完全自動化	無料プランでは日程調整カレンダー数や日程調整回数が無制限で使用可能

※2023年12月時点の情報です。記載内容は変更される場合がありますため、利用の際は各サイトをご確認ください。

ータも提供します。

ただし、Zoomは有料ライセンスの場合、データ容量いっぱいまで録画が可能ですが、無料ライセンスの場合は40分の制限がかかります。Google Meetで録画機能を使用する場合も、有料プランに加入する必要があります。

確実に録画するためには、ミーティングツールのURLの管理を企業に任せず、自分の側で発行・共有する必要があります。また、そのやり取りを効率化するためにSpirやTimeRexなどの日程調整ツールを活用することをおすすめします。

また、お互いのタスクを共有することも大切です。私たちは企業との契約後、業務開始の準備として、ガントチャートを作成しています。

企業とタスクを共有・確認する／実践例

契約先企業様との関わり方を見える化（ガントチャート例）

※営業系業務（企画から実行まで）の場合

大項目	中項目	小項目	主担当/副担当	10月 1w	10月 2w	10月 3w	10月 4w	11月 1w	11月 2w	11月 3w	11月 4w
現状把握	商材理解	商材に対するアンケート	貴社								
		既存の顧客の受注理由の確認	貴社								
		競合企業やベンチャー先企業との違い	貴社								
	過去の営業状況確認	過去の営業施策の確認	貴社								
		過去アプローチ企業リスト受領	貴社								
営業戦略設計	提供価値確認	貴社ならではの価値特定	色友/貴社								
		社内の部署・役割に応じた課題解決イメージの特定	色友/貴社								
	初回ターゲットの確定	ターゲットマトリクスの作成	色友								
		リスト作成・提供	色友/貴社								
		リストのリッチ化(部署名・担当者名収集)	色友								
テレマーケティングメーリング実行	架電アプローチ	リード獲得(メール獲得)	色友								
		メール獲得後追客しアポ獲得	色友								
	成果やプロセスの振り返り	ターゲット別の成果やプロセスのご提出	色友								
		スクリプトとターゲットの見直し	色友								
顧客対応	初回アポ	事前連絡(Zoom案内、追加ヒアリングなど)	色友/貴社								
		初回アポ対応	色友								
		事後連絡(御礼メール、次回アポ案内など)	色友/貴社								
	2回目アポ対応	事前連絡(提案内容企画、見積など)	色友								
		2回目アポ対応	色友								
		事後対応(契約案内など)	色友								

※「主担当/副担当」欄に記載された「色友」は架空の担当者名です。

ガントチャートとは、プロジェクトの工程や進捗を管理するために用いる表のことで、縦軸に「タスク名」や「開始日」「完了日」「担当者」を記載し、横軸に時間を記載するのが一般的です。

ミーティングでは毎回ガントチャートを見ながら「どのタスクをやるのか」「今どこまで進んでいるのか」「次週にどんなフェーズに入るのか」といったことをお互いに確認します。

ミーティング内容とタスクなどの共有を通じて、「前回どんな内容を話したか」「お互いにどんなタスクがあるか、いつまでに何をやるか」が明確になった状態で次回のミーティングに入ることができます。

なお、ミーティングの際には、「次回のミーティングの日時を必ず打ち合わせ内で確定させること」も忘れないようにしてください。

次のミーティングの日時を確定させ、それまでのto doも決定する。これによって、お互いに宿題を出す↓宿題をこなす↓宿題を提出する、のサイクルが確立されます。

それによって、長く仕事を継続していくことが可能です。

チャットツールが生命線

もっとも、ミーティングを開催できる頻度には限界があります。日常的にコミュニケーションの密度を高めるためには、SlackやChatwork、LINE、Messengerなどのチャットツールの活用が不可欠です。

複業ではメッセージの見える化とスピード感が重要ですから、相手に知らせが届いてい

ることが即座に表示され、連絡を取り合うチームメンバーの管理にも都合の良いチャットツールが強い効果を発揮します。

企業や担当者によっては、チャットの活用になじみがなく、返信が極端に遅かったり、メッセージが少なかったりするケースがあります。そうしてコミュニケーションの量が不足すると業務に影響を及ぼします。

その場合は、チャットの活用を促しつつ、メールや電話なども効果的に活用しながらコミュニケーションの密度を高める工夫が求められます。

また、リアルなコミュニケーションをきっかけに話がスムーズに進むこともあります。オンラインツールを活用しつつ、企業ごとに最適なコミュニケーションの方法と頻度を探っていきましょう。

先述のように、私たちは各企業と3～6か月に1回はできる限りリアルコミュニケーションを取るようにしています。これまで契約した企業とは全てリアルでお会いしていますし、継続するにはリアルのコミュニケーションが不可欠だと考えています。

ご縁があった企業とは末永くつながる

現在仕事をしている・していないにかかわらず、ご縁があった企業とは末永くつながることが肝心です。

例えば172ページでご紹介したように私たちが提案をした結果、「とりあえず御社の力を借りず、自社だけでやってみることにします」とお返事いただくことがあります。

その場合は3か月後や半年後など、当初のスケジュール通りに進行した場合、ステータスが変わると思われるタイミングで連絡を取るようにしています。

先方が順調に取り組んでいると分かればそれでよいですし、連絡をきっかけに契約いただくこともあります。

「営業面は自社で対応できるようになりましたが、新たに広報のブランディングを手掛ける必要が生じたので、サポートをしていただけませんか？」

こういった話が浮上する可能性もあるので、定期的なコミュニケーションを疎かにすべきではありません。

また、業務委託で関わったことをきっかけに、先方の担当者と個人的にFacebookでつながったり、Xをフォローし合ったりすることもあるはずです。

そんな個人的なつながりを基に、何かしらの相談を受ける機会が発生する可能性もあります。

契約の終了後も、いつでも連絡を取り合える関係を維持しておきたいものです。

複業案件の継続のために〈ステップ❸〉

マメなコミュニケーションが生命線

レスポンスの早い人は企業から信頼される

そして、もう一つ強く意識すべきなのは、マメなコミュニケーションです。

これは複業に限りませんが、レスポンスが早く、マメにコミュニケーションを取っている人は企業から圧倒的に信頼されます。そして当然ですが、仕事を継続してもらえる確率も高くなります。

何かメッセージを受け取ったら、できれば1時間以内、本業があって忙しい方でも半日以内には必ずレスポンスをするようにしましょう。

レスポンスを早くするには、ゲーム感覚で取り組むのも一つの方法です。複業はポイント獲得ゲームであり、即レスをするたびにポイントが得られる。そんなイメージでコミュニケーションを取っていきましょう。

こうしたマメなコミュニケーションには、リスク回避の意味合いもあります。

例えば企業と契約を結び、「月に1回のミーティングを開催する」という取り決めを行ったため、翌月にミーティングを開催したとしましょう。

月1回のミーティングを設定すること自体は良いことですが、ミーティング開催までに全くコミュニケーションを取らない場合、企業側は「全てを理解してくれている」と受け止めるので、期待値が高まる一方となります。

自分としては「この程度の準備をしておけばよい」というラインを設定したとしても、それで十分ではありません。

相手が同じレベルで考えている保証はどこにもないのです。

いざミーティングを開催したときに、

「前提条件の理解が足りていないかもしれません」

「不明点があればその都度、確認していただきたかったです」

などと指摘いただくと、出だしから大きなハンデを背負うことになります。

ですから、チャットなどで小まめにコミュニケーションを取ることによって、お互いの意識や行動を共有しておく必要があるのです。

自分から積極的に情報を取りに行く

不明点がある場合は、適切なタイミングで早めに確認することが大切です。


これに関しては、私たちも複業を始めた当初は少なからず苦労した記憶があります。

ある企業で仕事をすることになったのですが、確認したい事項がいくつか出てきたときに、迷いが生じました。

「定例の打ち合わせを設定しているので、そのときにまとめて確認したほうがいいのかな。いちいち細かい連絡をして、鬱陶しがられるのもよくないし……」

そんなふうに考えて、躊躇してしまったのです。

結果的に、定例打ち合わせ時に疑問点を確認したところ、「もっと早めに確認してほしかったですね」と苦言を呈されてしまいました。

その企業では、不明点はすぐ確認するのが当たり前だと考えていたのです。

そもそも複業をする個人と、複業先の社員とでは、情報共有の環境が異なります。

会社内では、分からないことがあれば隣の席の先輩や上司に質問をすればすぐに教えてもらえますし、暗黙知として共有しているルールもたくさんあります。

それに対して、**複業人材が持っている情報は非常に限定的です。**

「とりあえず、このクラウドに格納されているファイルを見てもらえれば、ある程度イメージが湧くと思います」

こういった形でいざ業務がスタートしたのに、実際にファイルを見ても全然情報が足りないといった事態が日常的に起きるのです。

企業側は「新入社員や中途社員が入ってきたときのように資料を読んで学んでもらう」

といった感覚で捉えられることも少なくなく、複業人材は新入社員のようにＯＪＴを通じて理解を深めるわけにはいきません。

既存の資料で情報が足りない場合は、自分から積極的に情報を取りに行くべきです。

しかも、前述したように**最初の１～２か月である程度の成果を出す必要があるので、早い段階で必要な情報を入手しないと命取りになります。**

いずれにせよ、自分たちの現在地を明確化し、お互いの目線を合わせて協力していけるかどうかがカギとなります。

そのためにも、**先方の担当者と１ｏｎ１で積極的にコミュニケーションを取ることを意識してください。**

２か月以上が経過した段階で「この情報はどこにありますか？」などと質問をした結果、「最初に資料をお渡ししたはずです」などと返答されてしまうようでは、信頼感はがた落ちです。

何度も繰り返しますが、初動が勝負を分けるのでくれぐれも注意してください。

複業案件の継続のために〈ステップ❹〉

タスクをしっかりと「線引き」する

過度な要求を回避するための「線引き」

企業と気持ちよく仕事を続けるためには、タスクをしっかりと「線引き」する、つまり自分が**「できること」「できないこと」を相手にはっきりと伝える力**が非常に重要です。

企業は、複業人材にできるだけ成果を上げてほしいと考えています。

わざわざ外部の人材に業務委託をするわけですし、そこに期待するのは当然なのですが、その期待が過度な要求へと変わってしまうのは困りものです。

この過度な要求とは、**当初は「業務の対象外」としていた業務**について、

Parallel Career

「この仕事も対応可能な認識でよいですよね？」
「こちらもお願いします」
などと、対応可能な前提で進んでいくことが多くあります。

例えば、面談の時点では「営業の業務委託として訪問先のアポイントメントを取り、商談に同席し、営業社員のサポートを行う」という話だったのが、いざ商談に同行してみると「営業の一担当者として商談を進めてほしい」と言われるような場合です。

全て受け入れていると、かかる負荷は全く違ってしまいます。

こうした企業からの過度な要求は「線引き」して回避しなければなりません。

お互いのタスクを明確化する

正社員とは違い、企業にとって複業人材とは、その気になれば来月にでも解約できる業務委託上の存在です。つまり、基本的に弱い立場に立たされています。

そのため複業先の顔色をうかがいながら仕事を進める人が、どうしても多くなります。

「この仕事もしてほしい」と言われたら、多少の不満はあっても、ついつい従う。それを繰り返していくうちに、なし崩し的に業務の幅が広がっていきます。

けれども、なあなあで仕事をすることをやめて、お互いのタスクを明確化することが必須です。

「できること」「できないこと」を上手に線引きすることが大切なのです。

「契約書の内容では、〇〇業務を担当するということになっていた認識です。今お話しいただいた内容は盛り込まれていなかったかと思いますが、いかがでしょうか？」

「今回ご契約いただいた内容では、このような業務分担になっていたかと思いますが、今いただいたお話は追加オーダーとしてのご提案なのか、それとも業務の内容が大きく変わられるということなのか、あるいは認識の違いがあったのか、改めて確認させていただくことは可能でしょうか？」

このように、**頑なに「できません！」と突っぱねるのでなく、お互いのタスクを明確化しつつ、自分のタスクの範囲を適正な枠に収めるための働きかけが求められる**のです。

「複業職人」を目指そう

企業は会社員と複業の両立を疑問視している

日本では、まだ複業という働き方が一般化していません。そのせいで複業への誤解が生じて、なかなか払拭できない状況があります。

例えば、前述したように「複業＝本業の余暇でお金がもらえる手段」という意識を持つ人が多いため、会社の仕事が忙しくなると、複業が疎かになってしまう人が目立ちます。

その点、個人事業主やフリーランスは、一つでも業務の手を抜くと収入源が絶たれてしまうと自覚しており、全ての業務に力を注ぎます。

複業を片手間に考えている人たちとは、本気度がまるで違うのです。

Parallel Career

企業側もそれを理解しているため、複業人材を探す際、会社員よりも「個人事業主」や「フリーランス」を重用する傾向があります。

実際に私たちが外部の複業人材を集めてチームを組もうとすると、企業から必ずといっていいほど、次のような質問が寄せられます。

「その方は個人事業主・フリーランスですか？　それとも、どこかで勤務されている方ですか？」

なぜそんな質問をするかというと、会社員はどれだけ自社に本気で関わってくれるか不安に感じているからです。

つまり、多くの企業が会社員と複業の両立を疑問視しているのです。

複業に求められる責任は大きい

複業とは、企業が知識や経験を持たない分野について、それを持つ人材が外部から入り込んで課題解決をする仕事です。

その業務では「業務フローを作る」「進捗管理を行う」「ディレクションを行う」など、高い視点を要求される場面が多く訪れます。

つまり、**複業とは決して手軽な仕事というわけではなく、責任感を伴う仕事であることが多い**のです。


だからこそ、複業に取り組む一人ひとりが真摯に仕事に取り組む必要があります。

私たちは現在、並行して複数社のクライアントを抱えており、各社とは定期的にミーティングを開催しています。


「今週のミーティングをどのように進めるか」

「議論の着地点をどう考えるか」

毎週月曜日には2〜3時間程度を費やし、周到な打ち合わせの後で本番に臨みます。
こうして**必要な準備を尽くしてこそ、ミーティングで最大限のパフォーマンスを発揮す**

ることができるのです。

業務委託とは、いつ契約が解除されるかも分からないシビアな働き方です。

ですから、常に責任感を持ちながら取り組むことが肝心なのです。

複業のプロフェッショナルを「職人」と表現する理由

私たちColor WiTh株式会社は、複業力を共に向上していける仲間を増やしたいと考えています。

そして、そのためには、複業のプレーヤーを増やすのはもちろん、複業に主体的に関わって、企業をリードしていける人材の創出が不可欠です。

私たちは、実務だけでなく、企業の取り組み全体の進行管理までできるプロフェッショナル人材のことを「職人」と呼んでいます。

なぜ、「複業のプロ」という言葉を使わずに、「職人」という言葉を使っているのか。

それは、「プロ」という言葉が連想させる顧問・コンサルタント的な立ち位置と、私たちが考える複業のプロフェッショナルの立ち位置にずれがあるからです。

私たちがイメージする複業のプロフェッショナルとは、顧客である企業に寄り添いながら、自ら手を動かすことを厭わず、企業の要望実現に向けて動いていける人材です。

ですから、自ら手を動かすことのできる専門家という意味合いを込めて「職人」という言葉を使っているのです。

「複業」という新しい働き方を盛り上げよう

本書の冒頭でもご説明しましたが、私たちColor WiTh株式会社は全国100社以上の複業実績のある「複業マイスター」であり、「複業職人」という個人向けプログラムを事業化し、複業活動に必要な実践スキルを提供しています。

「複業職人」として業務委託に関わることができる人をスカウトし、事前に面談を行った上で、私たちと共にプロジェクトに携わっていただくこともあります。

さらには、企業と職人をマッチングする事業も行っています。

こうした一連の活動を通じて、世の中に「複業職人」を増やしていくことは、私たちにとって重大なミッションでもあるのです。

本書の内容を参考にしながら、ぜひともあなたに「複業職人」を目指してほしいと思います。

「複業職人」として活躍していただければ、複業市場での自分自身の価値を上げることはもちろんですが、複業という働き方自体の価値向上にもつながると思います。

複業を通じて豊かな人生を実現し、「複業」という新しい働き方を一緒に盛り上げていきましょう。

第 6 章

Chapter 6

複業スタート成功事例

──「複業職人」たちは、どのようにしてスキルと経験を手に入れたのか

複業スタート成功事例❶　Nさん　30代・男性・会社員→個人事業主→会社経営

エージェントと連携して積極的に活動し、『1年2か月で13案件』を獲得！

営業活動をしなくても企業とマッチングできるエージェントのシステムを活用し、私たちと二人三脚で複業を成功させたNさん。エージェントの専門知識やコネクションに自身のスキルをプラスして、次々に複業の実績を獲得していきました。

Parallel Career

独立したら、自分は「個人名」でどこまで通用するのか

Nさんは新卒でアパレル企業に就職し、店舗接客や店舗企画の仕事を経験しました。その後にSaaS企業に転職してセールスやマーケティングに従事し、そこからECコンサルティング企業でコンサルタント・新規事業責任者としてキャリアを重ねました。

そして会社を独立し、起業して現在に至ります。

複業を始めたのは、ＥＣコンサルティング企業に在籍していた頃でした。

当時のＮさんは、大手企業のＥＣマーケティングをサポートする業務としてプロジェクトの推進を行うことが多かったのですが、あくまで「〇〇社のＮさん」として仕事を任されている現状にもどかしさを感じていたといいます。

元々、会社から独立したいという考えがあり、仕事に慣れるにつれてその意向が強くなっていったそうです。

もし独立したら、自分は「個人名」でどこまで通用するのか。それを知りたい一心で、複業をスタートしたのです。

最初の複業はエージェントからの紹介

Ｎさんは複業を開始する際、複業エージェントから仕事の紹介を受けました。

エージェントを利用して良かった点は、営業活動をしなくてよいことだったそうです。

以前は複業マッチングのプラットフォームに登録していましたが、**プラットフォームでは応募の際に実績が重視される傾向がありました。**ランサーズなどのプラットフォームでは自身で企業に積極的にアプローチして案件を獲得する必要がありますが、多忙な毎日の中で、Nさんは積極的に営業活動をするモチベーションが上がらなかったそうです。

けれどもその後に、複業エージェントでエージェント営業に携わっていた私たちと出会い、企業とスムーズにつながって複業が始まりました。

クライアント側の気持ちになって考え、行動する

Nさんは複業を始めてから独立するまでに『1年2か月で13社』の案件を手掛けました。大変素晴らしい成果ですが、最初から順調だったわけではありません。

複業を開始した当初は、クライアントにリスケジュールをお願いし、担当者からクレームをいただいたこともありました。そこにはやむを得ない事情があったのですが、会社員が片手間で都合よく仕事を回しているように伝わってしまったのです。

このときは、エージェントの担当者である若色が間に入ることで事なきを得ました。Nさんは、「自分が単独で企業とやり取りをしていたら、おそらくその時点で契約が切れてしまったのではないでしょうか」と回想しています。

この体験をきっかけに、Nさんはクライアント側の気持ちになって考え、行動するため、以下の三つのポイントを意識するようになりました。こうした工夫を通じて、確実に成約につなげていったのです。

・ポイント1　面談の際の提案資料を作成する際、できるだけ相手企業の規模と業務内容に近い実績をカスタマイズして提示する

企業の担当者の立場に立って考えた場合、重要なのは自分の会社でどれだけ効果的に働いてくれるかです。そのため、相手企業に合わせて実績の見せ方を工夫したといいます。

・ポイント2　できるだけ専門用語を使わず、相手側が持っている知識や情報のレベルに沿った説明を心掛けた

例えば、ＥＣサイトに関する業界では通常から「ＳＥＯ」という言葉を使いますが、業界に不慣れな方には意味が通じない可能性があります。そこで「お客様が検索したとき、上位に表示されるための施策を行います」など、平易な表現を心掛けたそうです。

・ポイント3　相手企業の心情を考えて、柔軟に対応した

例えば、Ｎさんは発注前のプレゼン段階で、その企業のＥＣの簡易的な分析を行うことがありました。基本的に、分析業務は契約後に行うものですが、もう少し材料がないと採用の判断が難しそうだと感じたり、面談時に企業の事業にかける想いが伝わってきたりした場合などには、ルールを柔軟に変更したそうです。

エージェントに一方的に頼らない

複業人材がエージェントを活用する場合、企業、エージェント、複業人材の三者で面談を行うことが多くなります。エージェントには営業力があり、複業に関する知識も長けていますが、専門領域（Ｎさんの場合はＥＣ領域）に関しては、複業人材のほうが豊富な知識を持っていることのほうが多いものです。

そこでNさんが心掛けたのは、**エージェントに一方的に頼るのではなく、自分からも積極的に提案する**ということでした。エージェントのスキルと自分のスキルを掛け合わせることによって、相乗効果を発揮できるはずだと考えたのです。

本書ですでに言及したように、私たちは面談に十分な時間を取ることを心掛けており、1回目の面談ではヒアリングに集中し、2回目の面談で提案を行うようにしています。Nさんも同様に、まずは私たちエージェントが企業の要望を明らかにした後で、そこに自分の専門知識を加えて提案することを心掛けたそうです。

その結果、企業が求める成果を出しやすくなり、案件も継続できるようになりました。

Nさんはエージェントとの関わりについて、こう語ります。

「自分の場合は、エージェント担当者と連携することで多くの案件を成立することができました。多くのエージェントと関わって感じたのは、エージェントにも様々なタイプの会社が存在し、人によって合う、合わないがあるということです。お任せ型の会社もありますし、一方では若色さん、高橋さんのように親身に提案を共に考えてくださり、何度も同席／同行してくださる担当者もいます。ですから、複数のエージェントと面談し、自分に合った会社にお願いすることが大切だと思います」

「何のために複業をするか」を考える

Nさんから、複業を始めようとする人へのメッセージをいただきました。

私は会社員時代に複業を経験した後で独立し、現在はECマーケティングをサポートする会社などを設立して業務に当たっています。

もともと独立を志向していたため、起業のプランも練ってはいましたが、慎重な性格ということもあり、いきなり会社を飛び出すことには抵抗がありました。

そして、そんな中で複業と出合いました。会社員を続けながら自分の名前で仕事を増やしていけるこの働き方は、起業へのアプローチとして最も自分に合っていたと思います。

複業をしていなかったら、現在もまだ独立していなかったかもしれません。

私の経験を踏まえて、複業の第一歩を踏み出そうとしている人にアドバイスできることがあるなら、まず「何のために複業をするのか」を設定することが重要だと思います。

複業を始めて成功している多くの人にお会いしましたが、ほとんどの人が「このスキルを伸ばしたい」「この分野に強みがあるので生かしたい」と目標を明確にしています。

どんなキャリアを積み重ねて、どんな生き方をしたいのか、それを棚卸して小さな目標に分割し、一つひとつクリアしながらキャリアを重ねていく。

そうしたキャリアアップのプロセスにおいて、複業を活用しているのです。

その一方で、「複業に興味を持ったから、とりあえずサービスに登録してみよう」というマインドでスタートした人は、その後のモチベーションが続かないことが多いようです。

会社員の方は、「複業という仕事は会社の働き方とは違う」ということを強く意識して取り組んでほしいと思います。

これから複業を始めるのであれば、実績はゼロの状態です。

「会社ではこの立場だから、任せてください！」という自信満々のスタンスは、クライアントから評価されません。

そうではなく、「今までに培ったスキルを生かし、御社に全力で貢献します」という姿勢を取り、当事者意識を持って働くことをアピールしてみてください。

あくまでも複業1年生として、謙虚な姿勢で取り組むことが大切だと思います。

複業スタート成功事例❷　Aさん　20代・男性・会社員→会社経営

「3社」経験を基にリファラルから複業にチャレンジして基礎を固めた後、エージェント活用にて複業のフィールドを拡大

Parallel Career

Aさんは起業の夢を実現させるため、複業を通じて実力を高めていきました。複業のスタート時点ではリファラルを活用、その後にプラットフォーム、エージェントへと複業のフィールドを拡大し、高いスキルと豊かな経験を獲得しています。複業を通じてキャリアアップした好事例としてご紹介しましょう。

3社の営業経験で複業の素地を整えた

Aさんの大学時代の専攻は農学部。キャンパスがある沖縄と農業に興味があり、農家の方との関係を深めながら、サークルの農場で作った野菜や果物を栽培、販売していました。

そうした活動を通じて農家の様々な課題を知り、その解決のため、農家と飲食店をつなげる事業を始めたそうです。

飲食店に自ら営業しながら事業開発を行っていたAさんでしたが、当初はまったく結果が出ませんでした。**この悔しかった体験をどうやって生かしていくかが、後の社会人生活の軸となった**そうです。

Aさんは大学を卒業後、飲食店情報サイトを運営する企業に新卒入社しました。最初に携わったのは、飲食店向けの広告営業の仕事です。

上司に鍛えられて課題発見力や提案力を身に付けた結果、営業エリア内最高額の受注を経験。また、Aさんが提案した掲載をきっかけに売上が大幅に上がった飲食店クライアントもできました。

その後、次のステップとして医療介護の求人サイトを運営する企業に転職。オンライン診療システムのインサイドセールスの立ち上げを経験しました。入社当初は慣れない電話営業に苦戦したそうですが、結果を出しているメンバーのやり方を徹底的に真似して、3か月でトップの営業成績を上げたとのことです。

そして3社目となる企業では、インサイドセールス第1号として入社し、インサイドセールスマネジャー兼代理店責任者を経験しました。

その企業の主な事業は、契約業務に関するソフトウェアの開発や提供であり、AさんはAI契約審査プラットフォームの導入に携わることになりました。

Aさんが入社した当時、そのプラットフォームは無料版を提供している段階であり、売上はゼロの状況。セールスのルールが、まだ確立されていない状態でした。そこで、営業システムや業務フローの見直しから着手する必要があると考え、アポ取りから商談まで、営業全体を把握することに努めました。

問い合せフォームからアプローチしたり、WEBマーケティング部署と連携してFacebook広告を打ったり、業界ノウハウのセミナーを企画したりと、電話セールス以外の手法にも積極的にチャレンジしていきました。

結果として自社プラットフォームの導入を牽引することができ、非常に密度の濃い3年を経験したと回想しています。

複業を始めたのは、元々「起業したい」という想いがあったからです。

Aさん自身の中では、ここにご紹介した3社での経験によって盤石のスキルが身に付いたと考えていましたし、機は熟したという感触があったそうです。

リファラルをきっかけに複業を始める

当時は、複業が徐々に注目され始めた時期で、Aさんは**自分が関わってきたインサイドセールスや営業企画のスキルを生かして企業の支援ができないか**と考えました。

最初のきっかけはリファラル、つまり紹介でした。

仕事を通じて知り合った方から「営業職の複業人材を募集している企業がある」という話を聞き、面談の機会をいただきました。紹介ということもあって、契約までの流れもスムーズだったといいます。

そのとき、**Aさんは単価をどう設定してよいのか分からず、「仕事をしていないのに時給が発生している」という状況に陥るのが嫌だったので、成功報酬での契約を提案した**そうです。そして、複業の開始後に結果を出すことができたため、想定していた報酬を得ることができました。

その後、**複業の件数を増やしていくため、複業獲得のルートをリファラルから複業のマッチングプラットフォームへと変えました。**

登録先をあれこれと考えていたところ、リリースして間もない複業クラウドの存在を知り、「今なら競合も少なく、受注しやすいかもしれない」と考え、登録してみることにしたのです。

そこで気になった企業2〜3社と面談を行い、インサイドセールスに携わるようになり、その後はマネジメント業務にも関わるようになりました。

マネジメントにおいては「リード流入別の商談化率向上のための施策案提示」「ロープレを通じたメンバーの育成」「Salesforceの構築やレポート作成、運用改善」「インサイドセールス採用要件の整理」といった業務を担当しました。

苦心したのは稼働時間の確保

Aさんが実際に取り組んでみて苦心したのは、稼働時間の確保だったといいます。

元々、平日の夜と土日の時間を活用するという前提で始めたそうですが、会社の業務と並行しながら時間配分を行うことは非常に難しかったと語ります。

平日のランチタイムも活用しながら業務に対応し、当時は1週間でほとんど休みが取れない週が続いたこともあったそうです。

また、複業先とはオンラインで意思疎通を行う必要があり、社員と比べるとコミュニケーションの時間が少なかったため、**短時間で課題と要望を捉えることに難しさを感じた**と語ります。

複業先にとって複業人材はAさんだけではなかったため、**価値を発揮しないと継続が難しくなると考え、読書をしたり、いろいろな人と会食の機会を作って情報交換したりして、知識・情報のインプットに努めた**とのことでした。

実力に自信を持つことができた

Aさんは、プラットフォームでつながった複業先の企業に「インサイドセールスのノウハウ提供」「安定したアポ供給とインサイドセールスとしての改善文化」などを提案しました。

約2年半続けた複業の経験を通じて得たものは、自分自身の知見やスキル、そして様々な人とのつながりだといいます。

もちろん収入面がプラスになったことは間違いありませんが、それ以上に、自分のスキルと経験を「価値」として認めてもらえたことが大きかったそうです。

そして、**複業で成果を出したことで、自分のスキルが社外で通用すると分かり、当時の会社の業務でも、自信を持って意思決定や行動ができるようになった**と語っています。

その後、Aさんはエージェントと連携して複業先をさらに広げていきました。そこで若色・高橋と関わるようになったのですが、Aさんがそれまでの複業経験で企業とのやり取りに慣れて、提供する業務の価値を十分に理解していたことから、幅広い企業に紹介できたことを覚えています。

Aさんのように**リファラルやプラットフォームで複業の基礎を固めておけば、エージェント経由で受注がしやすくなる**ことは間違いありません。

とにかく行動あるのみ

複業に取り組もうとする人への助言として、Aさんは次のようにお話ししています。

これから始める人には、とにかく行動してみることをおすすめしたいと思います。まずは、複業クラウドなどのマッチングプラットフォームに登録してみてはいかがでしょうか。そして、そこで募集されている案件にエントリーしてみてください。

もちろん、登録したからといって、自分に合った案件がすぐに見つかるわけではありません。案件が一つも取れない可能性もあります。そんなときには簡単に諦めずに、例えば自分のスキルや経歴の見せ方を変えて、もう一度トライしてみればいいのです。

工夫して、行動に移して、結果を判断する。そうやってPDCAを回していくのが唯一の攻略法であり、行動した人だけが勝つのが複業の世界です。

結局、自分で行動しない限り何も始まりません。迷っているのであれば、とにかく最初の一歩を踏み出してほしいと思います。

複業スタート成功事例❸　Tさん　40代・女性・会社員→フリーランス

転職を機に複業に踏み出し、徐々にシフトチェンジ。多様な経験にやりがいを実感し、人生が豊かに！

Parallel Career

複業を通じて仕事に主体的に取り組み、企業とそこに働く人に貢献することで人生が豊かになった素晴らしい事例をご紹介します。

Tさんは当初は転職を志していましたが、あるとき、複業という選択肢に出合いました。そして、早速エージェントに登録し、意欲的に面接に臨み、見事に案件を獲得されたのです。成功の秘訣とは何だったのでしょうか。

商品のファン作りに、やりがいを実感

Tさんは現在フリーランスとして、様々な企業で広報・PRのコンサルティングや広報

活動の支援を行っています。

広報やPRの仕事は、様々なステークホルダーとのコミュニケーションを創出し、企業と社会をつなぎ、企業や商品をなくてはならない存在に位置付けることで、企業や社会全体により良い効果をもたらすことができるものです。

Tさんは、そのコミュニケーションに真摯に取り組み、「コミュニケーションディレクター」という役割を自認して業務に当たられているそうです。

Tさんは、短大を卒業後、アパレル企業に就職。その会社では、販売職、ヴィジュアルマーチャンダイザー、バイイングに携わり、店舗マネジャーを経て、最終的にプレス広報に従事することになりました。

プレス広報の仕事を通じて、世の中に企業を認知させること、商品情報を発信してファンを作っていくことにやりがいを実感した経験が、現在の広報・PRのキャリアにつながっているそうです。

そんなTさんは、アパレル企業を退職後、様々な業態やジャンルで広報・PRの経験と実績を積みたいと考えてPR会社に転職。取材誘致や掲載活動など一般的な広報業務以外にも、イベント企画、広告提案、プロモーションなどに幅広く取り組みました。

そしてその後、呉服小売業や高級有料老人ホームの運営会社などに移籍し、そこでも一貫して広報業務に携わっていました。

「今までのやり方は通用しない」という危機感

Tさんが複業に興味を持ったのは2020年のことです。

呉服小売業で広報担当をしている中でコロナ禍に直面し、世の中が大きく変化していく状況を目の当たりにしました。**「今まで自分がやってきた広報活動は、これから通用しなくなっていくのではないか」という危機感を持つようになった**といいます。

当時のTさんが持っていた課題意識とは、「広報・PRのスキルを、もっと別の角度から伸ばしていきたい」「今までとは違った現場でも仕事をしていける技量を身に付けておかなければならない」というものでした。

そして、さらなるステップアップを目的に転職を考え、様々な求人情報を検索していたところ、「複業」という働き方があることを知りました。

このときを振り返って、Tさんは次のように語ります。

「複業のマーケットには興味があるジャンルや業態の仕事がたくさんあり、すぐにチャレンジを決めました。今までの経験を生かして新たな領域に関わることができれば、経験値や視座を高める絶好のチャンスになると考えたのです。複業エージェントに登録した理由は、**企業が求めているスキルと、それを発揮できる人財がマッチされ、Ｗｉｎ－Ｗｉｎになれるエージェントの仕組みは非常に画期的なもの**だと思ったためです」

登録から1年後、エージェントからマッチングの連絡

早速エージェントに登録したTさんでしたが、そのときは経験を生かせる広報・ＰＲ部門のニーズがなく、しばらくは登録をしただけの状態が続きました。

そうして1年ほど経過した頃、当時エージェントで営業責任者を務めていた若色がTさんにご連絡しました。彼女のキャリアとマッチしそうな案件が見つかったため、その経験をぜひ生かしてほしいと考えたのです。

企業と面談をする際には、事前に若色が企業の傾向やニーズを詳しくレクチャーし、ど

んな寄り添い方ができるかをしっかりとイメージしていただきます。Tさんのケースでも、面談は滞りなく進んでスムーズな契約につながりました。

マッチングに当たっては、Tさんがこれまで携わってきた企業の規模感、価値観やステータスが近しい企業を若色がセレクトしました。それらの企業はご自身が携わってきた企業の価値観に近く、企業側の要望や距離感なども自分にフィットしそうな感覚があったため、意欲的に面接に臨むことができたそうです。

実際のところ、エージェントを経由して複業人材と企業が契約を結ぶ確率は10％以下ですし、登録された方全てに案件をご紹介できるわけではありません。そんな中で、Tさんには希望通りの複業を始めていただくことができました。

「契約できたのは、やはり若色さんの技量が素晴らしかったからだと思います。複業の成否とは、企業側の要望を理解し、複業人材の経験を見極めてくれるエージェント担当者の実力に大きく左右されるものだと思います」

Tさんはこのように語ってくださいました。

月間の稼働時間は1社当たり最大30時間

Tさんは複業を始めてから1年7か月で3社と契約しています。広報活動全般の支援（広報施策の企画提案、SNSのディレクション、広報資料の作成、メディア誘致サポートなど全ての実務）、若手の広報人材の育成、経営者との連携、さらには社内メンバーとのコミュニケーション創出まで、実に幅広い取り組みを行っています。

Tさんの複業での月間の稼働時間は、1社当たり最大30時間程とのことです。平日の決まった時間に定例ミーティングを開催し、実際の作業についてはメールやチャット上でのやり取りを進めていくイメージです。

平日の定常業務としてフォローできない仕事は、早朝か夜、または土日のプライベートな時間の合間を縫って対応されているということでした。

相談されやすい距離感を作って企業に寄り添う

複業を進める上で、Tさんが最も意識していたのはコミュニケーションでした。広報の仕事は企業活動全般につながっているものですが、外部スタッフとして携わる場合、社内で起きている状況を細かく把握することが難しくなります。

しかも、基本的には企業とオンラインでやり取りをするため、タイムラグが生じたり、コミュニケーションの密度が低下したりしやすい状況があります。

こうした状況を打開するため、Tさんは企業から細かい相談をしていただけるコミュニケーションの仕組みを考えました。そうすれば、企業側の状況を把握し、寄り添った支援ができるようになると思ったのです。

常に自分からスケジュールや議題、課題などを提案し、小まめに意見交換をしながら、**広報業務に直結しないような悩みや細かい相談も持ちかけていただけるよう、企業側の担当者と親密な距離感を保つよう心掛けた**といいます。

企業が存在する街や人との出合いに恵まれた

Tさんは複業を通じて様々な課題解決や施策に関する知見が深くなり、情報へのアンテナも広がったといいます。

複業では、一つの会社で得た知見が別の企業に関わる際に情報源として生かされ、より良い支援を提供できるようになります。結果として信頼関係の構築にもつながり、複業人材と企業のWin-Winの関係が広がっていきます。

様々な領域の広報業務に携わることで、その企業が存在する街や人との出合いが増えて、人生経験が豊かになったというTさん。複業を始める前には経験することができなかったことだそうです。こうした出合いに恵まれることも、複業の醍醐味でしょう。

自分の考え方や行動次第で結果は変えられる

最後に、複業への向き合い方についてTさんのアドバイスをご紹介します。

複業を始める前と今とを比べて、一番大きく変化したのは、周りの人に過度に期待することがなくなり、主体的に仕事に向き合えるようになったことです。

自分がその仕事に関わることで、相手にプラスの効果を提供することができる。自分の考え方や行動の仕方によって結果は変えられる。そういったことを強く実感しました。

今、私から言えるのは、複業をすることでマイナスの状況が生まれることは全くないということです。

「お金を稼ぎたいから複業をする」というのも一つの考え方だとは思いますが、複業のメリットはそれだけではありません。お金にこだわりがない人であれば、「自分の人生を豊かにするために複業をする」という意識を持って取り組んでみてはどうでしょうか。仕事に対しての視点が広がって、複業が楽しいものになるはずです。

おわりに

最後までお読みいただき、ありがとうございました。

本書の中でお話ししてきたように、私たちは最初から何でもできる完璧な人間だったわけではありません。

普通の会社員として毎日の業務に全力投球し、スキルを一つずつ身に付けて、複業という新しい働き方にチャレンジしました。

そこで試行錯誤を繰り返し、独自のノウハウを積み上げてきた結果、このような本を書けるまでに成長することができたのです。

今、私たちは複業を通じて様々な企業と関わり、経営者の方々と盛んに意見交換を行っています。そして、そこで頻繁に耳にするのが「みんなチャレンジをしないですね」「チャレンジを怖がるのは日本人特有の傾向ですね」といったご意見です。

読者の中には、これから複業を始めようと考えている方もいらっしゃることでしょう。

本書をきっかけに、ぜひチャレンジをしていただければと思います。

チャレンジを避ける姿勢が当たり前になると、安心安全な毎日が広がる一方で、その人の成長は停滞します。

それは、チャレンジして失敗するより、はるかに恐ろしいことです。

特に、本業を持っていらっしゃる方は、複業に失敗しても大きなダメージはありません。

ですから、そうしたメリットを生かし、一度でいいからチャレンジしてほしいのです。

あなたの目の前に、自由な人生が開けていくことをお約束します。


ぜひ本書のご感想を、私たちまでお寄せください。

251ページに私たちのX（旧Twitter）のQRコードを掲載いたします。

こちらでは複業についてなども随時発信しておりますので、ご興味いただけた方はぜひご覧ください。

もし「成長の大きな気づきがあった」「複業案件を獲得できた」「時給単価を上げることができた」など、複業にチャレンジした結果、心境の変化や仕事のランクアップを経験された方は、DMやリプにてご連絡いただけますと嬉しいです。

さらに、本書でご紹介させていただいた「複業職人」へ興味を持ってくださった方は、次ページ掲載のQRコードでサイトにアクセス可能です。

現在「無料面談」を可能としておりますので、ぜひお気軽にお問い合わせをいただければと思います。


最後に、本書の制作に関わってくださった全ての方々に、心より感謝を申し上げます。

株式会社クロスメディア・パブリッシングの皆様には、粘り強く本書を編集していただき、充実した内容に仕上げることができました。

「複業スタート成功事例」に登場されたNさん、Aさん、Tさんには、インタビューへのご協力に心から感謝いたします。三人のご体験を共有させていただくことにより、本書の内容に厚みが増したことを実感しております。

株式会社Another works代表取締役社長の大林尚朝様には、帯に推薦コメントを寄せていただきました。御礼申し上げます。

そして、現在、弊社と共に様々なプロジェクトをこなしている複業職人の皆様にも、この場を借りて改めて感謝の気持ちを伝えさせていただきます。

皆様、ありがとうございました。

Color WiTh株式会社
若色広大
高橋範慈

●X（旧Twitter）アカウント

若色広大
@wakairo_CW

高橋範慈
@takahashi_CW

●「複業職人」HP

HPは上記からアクセス

［著者略歴］

若色 広大（わかいろ・こうだい）

Color WiTh株式会社 代表取締役／複業マイスター

新卒でコカ・コーラボトラーズジャパン株式会社へ入社し、複数セールス賞受賞。株式会社パソナ（現：株式会社パソナJOB HUB）へ転職、顧問やフリーランスを業務委託紹介する新規事業に従事し、年間MVPなど複数受賞。パソナ社長直轄にて高橋範慈と共に新規事業部署を立ち上げ、複数の新規事業を創出し、全て黒字化に導く。地方創生ベンチャーへ事業統括部長として参画し、複業人材マッチング事業を創出。2022年、高橋と共にColor WiThを創業し、複業版ライザップと呼称される「複業職人」事業を創出。同社では0→1での事業創出〜組織全体の営業／マーケティング／SNS戦略を担う。また、複業マイスターとして活動しつつ、複数社の顧問としての実績も持つ。

高橋 範慈（たかはし・のりちか）

Color WiTh株式会社 代表取締役／複業マイスター

新卒で株式会社パソナ（旧：株式会社パソナキャリア）に入社後、法人営業／キャリアカウンセラーとして全国20都県以上を行脚。商工会議所や地場企業と連携した採用イベント、東日本大震災被災者のカウンセリング、防衛省からの受託事業運営など、数々の新規プロジェクト立ち上げへ参画。1→10での事業土台の構築〜拡大におけるマネジメントと実務実行を多数経験。経営者向け営業部隊を立ち上げた際、経営層の抱える課題に触れたことをきっかけに自身でも新規事業を志し、若色広大と複数の新規事業を創出、全て黒字化を達成。地方創生ベンチャーの全国営業部長を経て、2022年、若色と共にColor WiThを創業し、「複業職人」事業を創出。事業構築における実現までのストーリー作りと実行マネジメントが強み。若色と同じく複業マイスターとして、複業の普及・啓発に取り組んでいる。

複業《ふくぎょう》コンパス

100社経験《しゃけいけん》から語《かた》る複業実践《ふくぎょうじっせん》ノウハウ

2024年3月11日　初版発行

著　者	若色広大／高橋範慈
発行者	小早川幸一郎
発　行	株式会社クロスメディア・パブリッシング 〒151-0051 東京都渋谷区千駄ヶ谷4-20-3 東栄神宮外苑ビル https://www.cm-publishing.co.jp ◎本の内容に関するお問い合わせ先：TEL(03)5413-3140／FAX(03)5413-3141
発　売	株式会社インプレス 〒101-0051 東京都千代田区神田神保町一丁目105番地 ◎乱丁本・落丁本などのお問い合わせ先：FAX(03)6837-5023 service@impress.co.jp ※古書店で購入されたものについてはお取り替えできません
印刷・製本	株式会社シナノ

　ISBN978-4-295-40938-0　C2034